纪念中国加入
WTO十周年丛书

日内瓦倥偬岁月

孙振宇 口述 杨国华 史晓丽 整理

孙振宇口述实录

中国常驻WTO代表团首任大使

人民出版社

目 录

上编：口述实录

下编：媒体访谈选录

日内瓦倥偬岁月——中国常驻WTO代表团首任大使孙振宇口述实录

序

振宇同志是一位我十分敬重的同事。他长期从事外经贸工作，曾经担任原外经贸部副部长。2001 年 12 月 11 日中国加入世界贸易组织后，他肩负着祖国和人民的重托，前往日内瓦，担任我国首任常驻世界贸易组织特命全权大使。九年弹指一挥间，振宇同志率领代表团全体同志，深入研究世贸规则，密切跟踪各国动向，在错综复杂的多边谈判中，有力维护了我作为发展中国家的核心利益，同时彰显了我坚定不移对外开放的积极态度，出色地完成了任务，也赢得了世贸组织秘书处和各国驻日内瓦使节的尊敬和广泛赞誉。

驻世贸组织代表团的同志们工作在经济外交的第一线，既要精熟浩如烟海的政策法规条文，又要把握国际政治经济的最新形势，还要有很深的语言功底。振宇同志精通英语，为了方便工作，年近六旬时又开始自修法语，在代表团设立法语角，带领大家共同学习，现在已能用法语自由交流。在他的精神感染下，代表团全体同志努力钻研、积极进取，形成了一支政治过硬、业务精湛、勤奋敬业的专家型干部队伍。

中国加入世界贸易组织已整整十周年。十年来，我们的开放水平不断提升，产业竞争力明显增强，市场经济体制进一步完善，综合国力和国际地位显著提高。实践证明，党中央、国务院关于加入世贸组织的决策是英明正确的，成功把握住了发展机遇，取得了举世瞩目的成就。

振宇同志是中国在国际多边经贸舞台逐渐崛起，逐渐发展成为多边贸易体制推动者的重要见证人。近日，他将自己长期从事多边经贸工作的经验和体会集结成册，与大家分享，很有意义。我相信，这本书对于从事对外工作的同志一定会大有裨益，对我国在更加广泛的领域参与国际事务也有重要的参考价值。

近来，受各种因素影响，多哈回合谈判一波三折，时间之窗渐行渐远。但是，维护并推动多边贸易体制向更加公平、高效、平衡的方向发展，符合各成员的共同利益，也符合中国的根本和长远利益。随着我国综合国力的不断提升，进一步扩大开放具备更加坚实的基础，在更大范围、更广领域、更高层次上推进对外开放，以开放促发展、促改革、促创新已是大势所趋。希望涌现出更多振宇同志这样的高端复合型人才，为祖国的改革开放事业服务。

是为序。

陈德铭

（中华人民共和国商务部部长）

二〇一一年七月十六日

❊ 前 言 ❊

孙振宇大使接受记者联合采访实录

(代前言)

主持人：尊敬的孙大使，各位媒体朋友，2001年12月，我国正式加入世贸组织。加入世贸组织以来，我国积极运用多边体制，社会发展取得举世瞩目的成就，国际地位和影响力不断上升。孙振宇大使作为我国首任驻世贸大使，近距离见证了这一历程。今天孙大使圆满结束任期回国，我们特别应媒体的要求，安排了这次集体采访。首先，请孙大使向大家介绍情况。

孙振宇：感谢媒体的朋友们！结束在日内瓦九年的任期回到祖国，我心里非常激动。回顾这九年来，中国在世贸组织的作用不断增强。"入世"之初，国内还存在一些争议和不同看法。但经过这九年各个部门的通力配合。可以说，我们非常有效地应对了入世所面临的一些问题和挑战。从学习规则、掌握规则、熟悉规则、运用规则，到参与规则制定，中国越来越积极地运用多边体制来发展自己。加入世贸组织之前，中国的贸易额约为 5000 亿美元，今年 (2010 年) 贸易额可望突破 29000 亿美元，这是全国人民共同努力的结果。

"入世"九年来，总体来说，我们在世贸组织做了以下几件事：

一是应对摩擦，解决贸易争端。随着我国贸易规模的不断扩大，产生了很多贸易摩擦。中国现在是全球贸易摩擦的主要目标之一，今年（2010 年）约有二分之一的反倾销反补贴是针对中国的。如今国内在应对反倾销、反补贴和特殊保障措施方面也积累了丰富的经验，特别是我们的商会、协会、企业和政府通力合作，尽可能把负面影响降到最低。现在每年这些措施占我们的贸易额还不到 1%，对外贸总体影响有限。加入世贸组织后，其他成员告中国的案件有 12 件，中国告其他成员的案件有 7 件。中国人不太喜欢打官司，但后来逐渐发现，通过打官司有些问题可以搞得更清楚。在打官司过程中有得有失，胜诉的案件增强了我们更好地利用世贸规则维护贸易利益的信心；而根据一些败诉的案件，中方相应修改了国内的法律法规，这实际上对国内进一步改革起到了推动作用。

二是积极履行入世承诺。"入世"前几年世贸组织成员对中国履行承诺有很多称赞。但随着中国成为第二大经济体，第一大出口国，其他国家对我们的要求也随之提高，批评我们这个政策不行，那个政策不行……这其中有别人要求过高的因素，也表明中国有进一步改革的余地。

三是多哈回合谈判。多哈回合正是中国加入世贸组织以后正式启动的，现在也谈了9年，涉及农业、工业、服务、规则等多个方面，这当中斗争是很激烈的。2008年7月曾有过一次冲刺，当时陈德铭部长率团在日内瓦进行了十天十夜的艰苦谈判，但因为美国和印度在农业保障机制上争执不下，最后没能达成一致。但当时的框架大体还在，大部分成员基本接受了很多主要内容，只是美国希望在农业和工业、服务上有更多的市场准入，目前还处于僵局。今年（2010年）的G20峰会和亚太领导人会议都发出新的呼吁，希望能够抓住明年很窄的"机会之窗"。但能否突破还取决于大的国际形势。从中国来说，我们愿意尽最大努力推动多哈回合的谈判，在现有基础上最终达成一致，这本身也是参与规则制定的重大行动。中国期待多哈回合迎来"曙光"。

在过去的9年当中，世贸代表团的全体同志，在国务院的领导下，特别是在商务部和各个部委的领导和指导下做了一些工作。但如果比起国家和人民对我们的要求来说，还是有很大的差距，我们的工作还可以做的更好。今后会有更多的年轻同志到世贸代表团工作，相信世贸代表团也会有一个新的面貌。谢谢大家！

主持人：请媒体就关心的问题向孙大使提问。

中央电视台财经频道：有人说世贸规则是欧美国家贸易保

护的工具，您是怎么看待的？贸易摩擦会成为常态吗？您对国内企业应对贸易摩擦有什么建议？

孙振宇：从关贸总协定到世贸组织，大多数的规则是源于美国和欧洲国内的规则，是他们之间斗争妥协的产物，因为长期的谈判都是他们主导的。现在的情况正在发生变化，中国、印度、巴西等新兴经济体的经济实力不断提高，在国际舞台上越来越活跃，声音也越来越大。多哈回合谈判之所以艰难，也是因为发达国家和新兴经济体的力量对比发生了变化。虽然还是美欧主导，但是发展中国家的声音和利益也不能忽视。现在总体的趋势是朝着有利于发展中国家的方向来推进的。

谈到贸易摩擦会不会成为常态，我认为，只要中国还是最大的出口国，只要中国保持强大的竞争力，贸易摩擦就会存在，这是中国"成长的烦恼"。如今，我们的企业和商协会在应对贸易摩擦方面积累了丰富经验，在很多案件中，企业就成功地争取到比较低的关税。希望今后有更多的企业积极参与反倾销的应诉、减少对自身出口的影响。反补贴对我们来说还是比较新的事物、这项工作主要由中央政府部门来做难度会大一些，同时中央政府部门还要同地方和企业配合，这也是今后我们重点要做的工作。

新华社：新世纪头10年加入世贸组织，给我们国家的改革开放注入了强大的动力。现在已经"入世"快10年了，有人认为"入世"的边际效应正在递减，也有人认为某些行业开放过头了，又有专家说我们在新世纪第二个十年的重要战略机遇期里面，需要呼唤新一轮的改革开放。您对这个问题怎么看？

孙振宇：改革开放比较容易做的事情，我们基本上已经都做了。过去的十年全国人民共同努力、在改革开放的道路上取得了很大的成就。有人认为，目前改革开放有些动力不足了。实际上不是动力不足，而是更深层次的改革和开放，会遇到更大的阻力。因为任何一项改革都是利益再分配，越难的问题，越不容易改。所以这方面对我们的挑战也是比较大的。只要我们坚持改革开放，今后面临更多的将是攻坚战、硬碰硬。任何一项改革只有出于自身的需要才能有更强的动力。今后，外部只是一个辅助力量，与内部改革开放的动力比较起来，将处于比较次要的地位。

中央人民广播电台：刚才谈到多哈回合，您是否可以详细介绍一下，它的解决将会给我们带来什么？目前解决这个问题最大的瓶颈在哪儿？

孙振宇：多哈回合如能取得突破性进展，对所有世贸组织成员都是有益的。首先是增加了各国之间的信任，改善国际贸易环境。多哈回合的成功将会是一剂"强心针"，对世界经济发展绝对是一个利好消息。同时，这一轮成员们承诺要降税，无论是农业产品降税还是工业产品还是服务业的开放都比上一轮更高，如果能够达成一致的话，所有成员都会受益。

现在的问题是美国人觉得吃亏了，认为自己给予太多，

前言

5

得到太少，实际上这是站不住脚的。这也是由美国的政治环境决定的。我们希望美国共和党和民主党能够共同关注贸易，能够认识到现有的一揽子方案对美国扩大就业、出口翻番都是非常有利的。现在的多哈回合还看不到曙光，但是我们希望这个形势会有一些变化。

中央电视台新闻频道：我记得您在2002年上任的时候和我们说过一句话，您觉得做世贸大使的任务并不轻松。现在9年过去了，您已经圆满完成任务，现在感觉是不是非常轻松？

孙振宇：在世贸团所有成员共同努力下，以及各个部门的大力指导和配合下，我们已基本上完成"入世"过渡期的阶段性工作。经过九年努力，中国适应了世贸组织的环境，贸易获得不断发展、实现了"入世"的初衷。让外界认识到中国是国际贸易大家庭的一员，大家都是按照规则办事。在这个过程中，中国通过履行承诺，也增强了其他成员对我们的信任，这为进一步提高参与能力和规则制定能力打下了很好的基础。

主持人：谢谢孙大使！谢谢各位媒体！今天的集体采访到此结束。

（2010年12月21日采访于首都机场）

上编：口述实录

❋ 工 作 ❋

（一）

长期以来，我们一直认为关贸总协定是富人俱乐部，并没有打算加入进去。1982 年，关贸总协定总干事邓克尔访华，外贸部长郑拓彬会见了他，听取了他的介绍。为了顺应我国改革开放的大潮，在邓小平同志"实事求是"的精神指引下，经过内部做了大量准备工作，才于 1986 年 7 月正式向关贸总协定提出开始"恢复中国关贸总协定席位的谈判"。以后经历了 15 年的

石广生部长在WTO多哈部长会议上庆祝中国正式加入世贸组织，左为WTO总干事迈克·穆尔

艰苦谈判，先后由沈觉人、佟志广、谷永江和龙永图四位谈判代表主持，终于在 2001 年 11 月完成谈判。

我到日内瓦赴任之后，首先就是向当时的 WTO 总干事迈克·穆尔（MikeMoore）递交了由江泽民主席签署的中国政府授权书。WTO 秘书处破例为我们举行了欢迎晚宴，WTO 的总干事、副总干事、几个主要 WTO 成员（例如美国、欧盟等）的驻世界贸易组织大使都参加了。我们也在日内瓦的总统饭店搞了一个大型的招待会，招待各国驻 WTO 的大使，向他们表示我们正式进驻日内瓦了。当年参加谈判的老领导沈觉人、佟志广和谷永江都出席了。当时的 WTO 总理事会主席夏秉纯、总干事穆尔和我国驻日内瓦代表团沙祖康大使也都出席。

由于中国加入 WTO 是一件大事，各国也是很关注的。另外，我们还去拜会了其他 WTO 成员驻在日内瓦的使团，包括美国、欧盟、巴西、印度、埃及、巴基斯坦和肯尼亚等驻日内瓦使团的大使，以便与他们建立密切关系。

我们使团的一项基本工作就是参加各种例会。部长级会议是 WTO 的最高权力机构，至少每两年召开一次会议，所有 WTO 成员的主管商务工作的部长一般都参加，负责重大问题的讨论和决策。部长会议闭会期间，由总理事会负责各类事务。总理事会下设三大理事会，即

孙振宇向 WTO 总干事迈克·穆尔递交大使委任书

货物贸易理事会、服务贸易理事会和知识产权理事会。货物贸易理事会又下设十来个委员会。这些委员会的作用是负责监督WTO各项具体协议的执行情况。各委员会定期召开例会，主要

中国常驻WTO代表团揭牌仪式

就是监督每一项协议的执行情况。如果哪个成员违反了什么协议，其他成员就会提出抱怨，于是，在这个例会上就要讨论这个问题。所以，国内企业如果有什么抱怨，国内有什么问题，我们就要在例会上提出来。比如在履行通报义务、进行反倾销和反补贴调查、关税的调整、技术壁垒（TBT）和动植物检疫（SPS）等方面。事实上，对非关税壁垒方面的相互抱怨是最多的。提出抱怨以后，有关成员会当场做一些解释和澄清，或承诺报回国内研究。讨论内容都记录下来。至于后来这些WTO成员改没改，这很难说。总体来讲，提了抱怨以后，改的比较少。如果一个WTO成员老是不改怎么办？这就有可能去走争端解决程序了。因为我提了抱怨，但是你老是不改，那就走争端解决机制这一程序，正式在WTO争端解决机构提出来。只要一进入争端解决阶段，新闻报道马上就多了。大家就开始关注了，甚至因此会影响到两国之间的贸易关系。所以，大的案子影响到两国贸易关系就是这个道理。

我们再来看看WTO新一轮谈判。我们使团在日内瓦的主要日常工作就是参加例会、参与争端解决、参与新一轮谈判（"三合一"的

工作

工作模式)。在谈判中,各国都有各国的立场。谈判主要涉及到现有规则的修订问题以及如何建立新规则的问题。因此,除了例会这一常设的活动以外,还有20来个谈判机构经常开会。新规则的谈判主要涉及到农业、工业、服务贸易,以及反倾销、反补贴、争端解决、贸易便利化等其他规则。所有这些议题都是启动多哈回合谈判时由部长会议设定的内容。所以说,谈判涉及的面还是比较广的。

由于我们使团的人手不多,在工作上是垂直分工。比如,如果他一个业务干部负责货物贸易这块,他就要参加这方面的例会,还要参加在货物贸易下的新一轮谈判,也得参与货物贸易方面的争端解决问题。如果你负责服务贸易,你就得负责参加服务贸易的所有例会,也得参与服务贸易的争端解决,还得负责新一轮的服务贸易谈判。我们使团也有负责法律方面的专家。他们既要负责争端解决,和国内人员配合共同处理争端解决案件;也要负责新一轮谈判,即关于规则的谈判;还要负责参加有关规则的例会。所以,要是年轻人到我们使团里工作的话,他负责的面是很广的,不是单一的,而是涉及到对现有协议的执行、涉及到打官司、涉及到新规则的谈判。这要求他对现有协议理解得很清楚,要知道协议应当如何执行、怎么修改、怎么制定新的协议,等等。因此,这个任务还是挺繁重的。而且,在我们使团工作的同志中,有些是参加过复关和入世谈判的,对加入WTO前后的历史是很了解的,对整个谈判过程以及中国做了哪些承诺也是很了解的;有些同志则完全是新人,他就要有一个熟悉WTO规则的过程。所以,我们使团的第一批工作人员在到了日内瓦之后,更多的是学习和了解WTO规则。如果算上GATT时期,WTO已经有六十多年的历史了。你起码得把GATT前八轮谈判的情况先了解清楚,再去研究乌拉圭回合谈判的法律文本,尤其是其中的例外规则——几乎所有的规则都是有例外的。你要把规则是怎么定的、有那些例外等都要搞清楚。然后，再看看涉及到我们国家利益的那些条款，看看这些规则里面哪些是不合理的，今后应该怎么修改。

在中国驻世界贸易组织使团创建初期，我们团里有一位颇富谈判经验的李恩恒公使。他是我的大学同学，英文口语和笔头都十分流畅。重大业务工作主要由他负责。他长期参与中国加入WTO谈判，对WTO规则十分熟悉。我们将代表团的十二、三个业务干部在业务上分为三个组，即货物贸易组、服务贸易组以及涵盖知识产权在内的综合组。李恩恒、黄任刚和张丽萍同志分别任三个组的组长。后来，由于工作人员的调整，又把服务贸易和知识产权放在一个组。目前，使团的三个工作组是：货物贸易组、服务贸易和知识产权组、综合组，分别由张向晨、赵宏和卢先堃同志牵头。办公室负责内部管理与后勤工作。办公室主任先后由刘宝贵和邵旭宏同志担任。在日内瓦，生活上对外必须用法语打交道，他们两位的法语都十分出色。

WTO部长会议期间内部招待会后合影

韩启德副委员长来代表团视察

在业务学习方面，我们使团主要是以工作人员的自学为主。自学的内容就是那两大本东西，一个就是乌拉圭回合法律文件，另一个就是中国加入 WTO 的 承 诺。此外，还有熟悉各自负责领域的 WTO 案例。团里许多干部还参加了 WTO 的专业培训和网上培训课程。我们通常每周都在一起开会，交流工作情况和学习体会。有的时候，我们也会根据当时的需要组织专门的学习活动，有什么问题比较突出的，大家一起讨论。由于我们是第一批常驻世界贸易组织使团的人，大家都有一股憋着劲儿干的工作的劲头。毕竟这是全新的工作，责任重大。因为中国花了 15 年的时间才加入进去。所以，大家十分珍惜这个机会。我们第一批使团的成员都有强烈的自豪感。我经常会强调，大家需要从政治素质、业务能力和外语水平等方面全面提高自己。WTO 的工作语言是英文、法文和西班牙文这三种语言。我们工作人员的基本工作语言都是英文，懂得法文和西班牙文的不多。从当时的情况看，我们起码得用 5 年到 10 年的时间，才能使我们使团的外文水平和业务水平达到相应的水平。当然，我们要达到美国、欧盟这类发达资本主义国家的水平并不容易。无论从语言上还是对 WTO 的了解上，都有很大差距。欧美外交官对 WTO 使团的工作非常容易上手，因为 WTO 的氛围和他们国内的氛围是非常相似的。

而且，WTO 的很多规则就是他们的国内规则。所以，他非常了解和熟悉这些 WTO 规则。至于语言，我们就更没有办法和这些国家相比了。

我有时候在想，假如 WTO 的工作语言是中文，WTO 规则是中国人制定的，那对中国就容易得多了。你看，凤凰卫视中的节目"一虎一席谈"，全是用中文进行，常常有嘉宾是日本人或是美国人，他们在节目中就处于劣势，因为你说什么他都有可能跟不上！所以，使团的工作人员在语言能力和专业知识这两方面的压力都是很大的。当时表现最突出的是来自农业部的谢建民参赞。他每次都把会议发言全部录下来，回家后反复学习，英文水平提高很快。在使团组建之初，为了提高外语水平，我们定期组织一些英语演讲比赛，大家都要准备一个选题，演讲完之后大家用英语提问，你再用英文回答大家提出的问题。这个活动坚持了有 5、6 年时间。后来，国内派往使团工作的人员外语水平越来越好，很多都是科班出来的，英语沙龙的活动也就停止了。而且，多数外交官每天参加 WTO 的各种会议，接触的都是英文，对他们是一个很好的锻炼。当然，他们要在英语口头和笔头上达到李恩恒公使和世贸司柴小林司长的水平，还有很长的路要走。

在日内瓦期间，我们也请访问瑞士的一些国内顶尖专家学者来团里

王忠禹副委员长来代表团视察

钱其琛副总理来代表团视察，右为沙祖康大使

讲课，例如余永定、王辑思、吴家煌和田力普等。我们还请过世界著名 WTO 专家 JohnJackson 教授等到团里进行座谈，大家受益匪浅。

现在，使团的工作人员换了好几茬，业务能力和语言水平比以前都有很大的提高。而且，他们的工作比以前更深入了。他们不单纯是去开开会、表明立场观点，而是要和秘书处、主要 WTO 成员的代表团之间保持更为密切的联系。他们的工作都很主动，每个人都有自己的朋友圈。他们和各个国家，如一些大的发展中国家和发达国家的外交官在私下的沟通都很多。他们与秘书处的私下沟通也很多。这样的工作方式使得中国在 WTO 内部有了更大的影响。而且，我们也具备了单独提出一些议案或者组织其他成员共同提出议案的能力。

总之，在使团组建之初，我们经历了一个循序渐进的过程。虽然当时选派的人员个个都很优秀，但是需要一个熟悉的过程，包括对环境、对别人讨论事情的程序和方式，都需要有一个熟悉过程。欧美要搞个什么东西，先私下召集一些支持他们的成员在一起讨论。提案准备好之后，欧美往往不牵头，而是让别的国家出面冲锋陷阵。欧美就躲在后面，他们在背后做很多的工作。我们在常驻日内瓦之后也是逐渐的摸索出一套自己的做法，也慢慢有了自己的朋友圈子。例如，我们经常跟巴基斯坦或者其他一些友好成员如巴西、印度、南非、阿根廷等 G20 和 G33 的核心成员在一起讨论，G20 和 G33 都是多哈农业谈判中的发展中成员协调组织，共同提出一些提案。真正在 WTO 谈判中发挥影响力的是这些提案。你有什么想法，就得拿出具体建议来，然后大家讨论。当然，大家可以采纳你的建议，也可以不采纳你的建议。不管怎样，只要被采纳了一部分建议，你的影响力就在 WTO 中体现出来了。在多哈回合的谈判上，我们的一些建议就是通过这些方式被采纳的。

我们使团的工作人员经过自己的努力也取得了很好的成绩。例如，质检总局派出的郭雪艳同志当上了 TBT 主席，商务部派出的朱海涛同志当了国营贸易企业工作组的主席。商务部派出的张向晨公使担任了老挝加入 WTO 工作组的主席。他们都在给中国争光。这既是荣誉，也是很重的责任。在新回合谈判中，我们的很多同志也表现出色。例如，在农业谈判中，谢建民表现突出，与国内同志一起为我国争取新成员待遇和特殊产品待遇作出了重要贡献。卢先堃和田涯与农业部密切配合，在渔业补贴谈判中发挥了重要作用。负责服务贸易谈判的张丽萍、李国俊、毛天羽、谢珵和赵全对议题的研究有深度，

司马义·艾买提副委员长来代表团视察

在谈判中很好地维护了国家的利益，并为推动国内改革开放提出了有益的建议。赵宏、卢先堃、李毅红、陈雨松、纪文华和马琳等同志参与规则谈判，表现十分活跃，配合国内提出了不少提案，令其他成员对中国的作用刮目相看。

有人曾建议我也当某个委员会的主席，但是，我的工作实在是有些满负荷了；如果当了委员会的主席，就得有一半的精力放到委员会的工作上去，所以，我不能分散我的精力。而且，大国的驻 WTO 使团大使一般都不担任委员会的主席，例如，美国、欧盟、印度、巴西的使团大使都未担任这样的角色。

最让我们感到兴奋的是，我国的法律专家张月姣同志当选为上诉机构成员，相当于 WTO 的大法官。她长期担任外经贸部条法司司长，还在亚洲开发银行工作过，有丰富的工作经验和法律知识，而且英语和法语都非常流利。她在上诉机构与另外六位大法官配合默契，发挥了积极作用。

（二）

WTO 与其他国际组织不同。WTO 协议不是签完了就搁在那里便无人问津，而是每个协议都有专门的委员会监督执行。这些委员会定期召开会议，有的时候一个月开好几次会议。一般情况下，有些会议我们国内给一些指示，我们前方就直接参加了。但有些会议国内要派人来，可能是一个司长或者处长带队。尤其是一些比较重要的会议，国内人员和我们使团的同志会一起参与。委员会的例会所发挥的作用就是监督在每一个协议项下，哪个国家违反了协议、侵犯了我们的利益，那么，我们就要在会上提出诉求。有的诉求是在开例会之前就提出来了，对方要在会上给我答复，或者说对方要报回国内了解情况，然后给予书面答复。这种例会在一年当中占了很多的时间。我们使团很多时间都是在WTO参加各种各样的会议。其中，我们团里来自外交部的张越、吕海林、佟宪国同志，来自质检总局的周升和郭雪艳同志，来自海关总署的徐惠筠、胡兰、李长生同志，来自农业部的谢建民和赵维宁同志，来自财政部的于红卫、王化雪、付康荣同志等在例会上都很活跃。

如果例会解决不了问题，那就走到争端解决机构去解决。在争端解决方面，国内主要就是商务部条法司牵头，对我们告别人的案子或者是别人告我们的案子，得去聘请律师打官司。在争端解决中，一般一个案子起码就得打上两三年，有些甚至要花五六年的时间。我们使团的相关同志全程参加案件的争端解决程序，为国内传递文件和消息，有时也提出我们的建议。

关于多哈回合谈判，WTO设有负责谈判的贸易谈判委员会，这个委员会也是定期开会。谈判委员会下面又设有农业谈判、非农谈判、服务谈判、规则谈判等多个机构。我们使团当然也要参加这些机构召开的会议。

以上这三方面实际上是我们驻WTO使团最主要的工作。

此外，调研工作也是我们代表团的一项重要工作。调研是驻外干部的一项基本功，日内瓦有几十家国际组织，是国际化非常强的城市，每天流动的信息量巨大，是综合分析调研理想场所。我团业务干部不仅要从事主管业务的调研工作，还要根据国内工作的重点，做一些宏观经济方面的调研，围绕国内国外的热点问题提出一些看法和建议。我团每年举行调研成果评比给予嘉奖。许多年轻人，例如，陈雨松、纪文华、谢珵、田涯、曹文和郭雪艳等在这方面都很突出。

关于每两年一次的部长会议，怎么筹备部长会，部长会谈什么，这些都是很重要的。一个国家可以提出主办部长会。但是主办规模很大，涉及到好几千人。因此，在香港部长会之后，基本没有国家愿意主办部长会议了，因为费用巨大不说，还要承担可能失败的风险。比如，在坎昆举办部长级会议的时候，墨西哥政府花了很大精力和费用，大家的期待值也很高，但还是失败了，不仅老百姓怨声载道，对政府不满，而且对 WTO 的影响也不好。此外，主办部长级会议，东道国为使会议成功要做出很大的牺牲。比如，你要推动会议达成协议，你就得放弃很多你自己的立场，为了能够获得成功而让出很多利益。现在，部长会基本上就在日内瓦开了。

现在的问题是，多哈回合总是谈不下来，部长会议就形同虚设了，没有了实质内容。一般情况是，通过部长会议发起一轮谈判，再在部长会议上宣布达成协议、结束谈判。但是到现在，看这个架势，多哈回合不像能够谈成的趋势。按道理来说，部长会应该做一些重要的决策，或者在部长会上修改一些法律法规。可是，多哈回合谈判必须是"一揽子"协议，单拿出部分议题宣布已达成协议并开始实施，难以被成员接受。

我个人认为，从多哈回合谈判情况看，作为一个国际组织来说，WTO 还有很多的问题需要讨论。比如，它的决策机制应该怎样进行？现在的决策体制是 153 个成员都同意才行，这就造成了决策特别难，什么事总也定不下来，怎样改进这个机制也很难。其次就是多边贸易体制与区域贸易体制之间的矛盾，由于多哈回合总是谈不下来，人家就去搞区域的或者双边的自由贸易安排了。这对 WTO 的最惠国待遇原则是一种侵蚀。各种优惠安排就像意大利面条一样互相纠结在一起。这都是对多边贸易体制的削弱，但现在又找不出更好的办法来。

自然而然地，多边最惠国待遇其实就成了最差的待遇了，因为搞了很多双边的或者区域协定以后，缔约方之间的待遇就更加优惠了，而这个优惠并没有给其他国家。

在我们使团的工作中，强度比较大的

吕福源部长在 WTO 坎昆部长会议期间发言

主要就是几次部长会议。第一次是坎昆的部长会议，那是我们首次作为正式成员参加 WTO 的部长会议。虽然那次部长会议是失败的，但整体还是很紧张的，一般主要核心成员部长开会都开到半夜。吕福源部长率团参加了这次部长会，引起了各方的重视。第二次就是2004年在日内瓦谈"七月框架"，主要解决多哈回合的一些谈判议题。那次会上，佐立克和拉米起了很大的作用。易小准副部长率团出席会议。在这次会上，我们争取到了新成员的待遇和国有企业的待遇。这次会议连续三四个晚上都谈到凌晨两三点钟，非常辛苦。还有一次是2005年香港的部长会议。这一次会议对我们的挑战更大。香港特区政府为这次会议做了很多工作。那时候，世界范围内反全球化的声音高涨，甚至有韩国农民到香港维多利亚湾跳海以示抗议。香港特区政府花了很大的人力、物力和财力维持秩序，连商业区都关门了，经济损失不可估量；交通也戒严了。如果这次会议失败的话，香港将是受损最大的一方，所以，我们必须要确保这次会议的成功。

为了使香港会议成功举办，那年六月份，薄熙来部长先在大连

薄熙来部长在 WTO 香港部长会议上发言

召集了一个小型的部长会议。20 多个主要成员的部长来开会。大连会议取得了一些进展，使得香港会议取得了许多成绩。香港会议成绩之一是农业出口补贴的纪律，发达国家承诺其出口补贴在 2013 年取消，这个是很大的一个突破。另一个成绩是给最不发达国家免关税、免配额的待遇。第三个成绩是优先解决棉花问题。当最后要通过香港部长级会议宣言的时候，几个发展中国家会前表示强烈反对。一旦他们在大会上提出反对意见，香港会议就会像坎昆会议一样失败。在这关键时刻，薄熙来部长应总理事会主席的请求去做这几个国家部长的工作。在最后通过前的时刻，能清清楚楚地看见到薄部长在会场中走到他们的部长身边去做工作，谈了二、三十分钟。最后，在大会进行通过程序的时候，这几个国家都没有表示反对，只是提出保留意见。所以，拉米很感谢薄部长，因为没有他及时做工作，那次会议就失败了，这样的话，香港特区政府也不好向市民交代。当时，示威的人闹的很厉害，但香港警察处理得很好，耐心地做工作，让少部分示威者进入现场来表达他们的意见，与代表团对话，等等。当时，示威者把警察的盾牌都抢走了，不过也没有出事。示威者还集体往海里跳，香港特区警察把他们拉了上来，给他们送上毛巾，还有姜汤，所以，他们对香港警察的印象不错，后来在对话时，他们又把盾牌给送回来了。他们给香港特区警察打了100分，但给韩国警察打不及格。

世贸成员都要接受贸易政策审议，对中国的贸易政策审议，现在是每两年审一次，因为我们贸易额进入世界前四了。在每次进行审议前，其他成员将问题以书面形式给我们，我们再报回国内，国内所有相关部门将答复意见反馈回商务部世贸司，世贸司再汇总后将它们翻译成英文传到我们世贸团，我们再提一些意见，返还给世贸司，由世贸司整理出最后一个稿子，我们再发给WTO秘书处。在WTO对中国进行第一次贸易政策审议时，秘书处已经在会前把我们答复的文件印出来了。这很重要，因为不管你的回答是不是令对方满意，但态度是好的。其他成员在会上也会提出一些问题，有时候当场答复，有时候会后研究，一个月后再给书面答复。2010年WTO对中国进行第三次贸易政策审议，我们收到的问题创了记录，达到1508个，其中，美国就提出了300个问题。不过，各成员问题的比较多的问题都集中在我们新出台的一些政策上，例如，人民币汇率、补贴、出口限制、产业政策，等等。因此，准备贸易政策审议的工作量是很大的。当年晚些时候，美国也接受审议，收到了1300多个问题，其中200多个来自中国，作为创始成员，这是不多见的。

贸易政策审议与过渡性审议不同。过渡性审议是只针对中国是不是履行了加入WTO的承诺，而贸易政策审议是大家来评议你现行的贸易政策有什么问题。此外，贸易政策审议是常规的，所有成员都要定期受到审议。但过渡性审议是只针对中国的，前八年每年都要审一次，今年最后审一次。每次前后历时三个月，在每个理事会和委员会上都有这项议题。所以，这对我们是一个很大的挑战。我们使团除了参加例会、争端解决案件、多哈回合谈判以外，很大的精力都要用于应对过渡性审议。每年从9月到12月进行过渡性审议。国内应付这个审议花费的精力更大。在第一次进行过渡性审议时，我们成功地打赢了一仗，就是我们争取到不给他们提出的问题提供书面答复。贸易政策审议是针对每个国家的，所以，每个受审议的WTO成员都给出书面答复。而过渡期审议是只针对中国进行的，本身就是个歧视性的东西，如果中国提供书面答复，中国的负担太重，所以，我们不能同意提供书面答复，况且，中国加入WTO的承诺里面也没有要求必须提供书面答复。在这场较量中，李恩恒、黄任刚和张丽萍等配合国内，表现十分突出。最后，其他成员也只好接受了我们的主张。

（三）

我觉得还要谈一下国内的各个部委和商务部内部各司局的工作。

国内派出参加WTO会议的团组很多。例如，由俞建华、柴小林、鄂德峰、洪晓东、傅兴国、索必成等分别带队的贸易谈判组，由王伟、方霞、王英带队的非农谈判和政府采购组，由钱光明、倪洪兴、左长生带队的农业谈判组。海关总署尹力群，质检总局李海清和郭力生，发改委朱英娟、张建华等都是常来日内瓦出席会议的同志。还有，常来日内瓦处理争端解决案件的李成钢、杨国华、李詠婕，处理反倾销和反补贴案件的周晓燕和顾春芳和余本林，参加审议的孟冬平、胡盈之、万怡挺、刘健男以及商务部的其他主管同志，都为我国应对加入WTO后的挑战以及参加多哈回合谈判做出了自己的贡献。

实际上，中国这些年在WTO工作的开展，主要依靠国内各主管部门的重视和参与。比如农业部就在谈判中发挥了关键作用，因为多哈回合谈判最主要的议题是农业问题，即要求发达国家把补贴降下来并且开放市场。与此同时，发展中国家要保护其国内市场。所以，我们的农业部对谈判非常重视，相关国际会议如坎昆会议、香港会议，杜青林部长和牛盾副部长都亲自出席并做出了很大贡献。农业部关于农业谈判的研究报告做得非常扎实。农业谈判是整个多哈谈判的核心。到现在，我们对农业的诉求，包括新成员待遇问题，我们的利益基本上都包括在内了。所以说，当时农业部做了很大的贡献。还有财政部也非常重视谈判，王伟司长亲自参加多场谈判。财政部同志参加非农谈判初期就提了一个"中国公式"，把其他成员都给震了——没想到中国作为一个新成员，一来开会就提出一个公式来。当时能提出消减

吴仪副总理来代表团看望全体工作同志

公式的成员十分有限，只有一个"瑞士公式"、"ABI 公式"、"中国公式"，还有一个就是"平均削减公式"，总共也没几个公式。"平均消减"是我们不能同意的，对低关税的成员也是不公平的。我们的"中国公式"里面包括了对发展中国家的差别待遇，即发展中国家少减的因素。财政部通过模拟等方式做了很多工作，也下了很大功夫。当然，WTO 成员到最后并没有采纳我们的公式，而采用的是"瑞士公式"，对发达国家和发展中国家分别用了两个不同的系数，里面当然也包括对发展中国家的少减。但财政部能提出这样一个公式已经非常不容易了。

当年吴仪副总理对参加多哈回合谈判的指示是"不当领头羊，不当绊脚石"。我们在实践中一直坚持这一原则。2008 年 7 月，陈德铭部长在日内瓦谈了十天十夜。农业部牛盾副部长，商务部易小准副部长和财政部王伟司长也参加了谈判。那也是近年来我国部长直接参与最深的一次会议。一个正部长在那里谈了十天十夜，这种情况自新中国成立以来是少有的。陈部长在会议里做了很多推动性工作，也展现了一定灵活性。当然，

陈德铭部长在日内瓦 WTO 第七次部长会议上的发言

最后是因为印度部长在SSM问题上坚决不让，他坚决抵制最后成果。美国也觉得吃亏了，并且其国内政治也不允许他们表示灵活，所以没有达成一致，最后导致会议破裂。

易小准副部长在日内瓦首次中国贸易政策审议会议现场，左为WTO总干事拉米先生

在参加2008年会议的贸易部长中，最核心的是中国、美国、欧盟、印度、澳大利亚、巴西、日本等7个成员方的部长，真正的谈判是在这7位部长之间进行的。到现在，当时的7个部长中，其他6个人都已经离职，只有陈部长继续任职，成为WTO核心圈内最资深的部长。这个很重要，因为资深部长的话语权显然要更大一些。

易小准副部长一直在参加多边谈判。在中国加入WTO以后，多边谈判里的国内高官就是易部长。在WTO里，它是很讲究级别的。最高级别的会议是部长级会议，比如一些小型磋商，只邀请正部长参与。部长级磋商以外就是高官会议，也就是副部长参加的会议。所以，易部长参与了很多这样的会议。再往下的一个级别就是各成员驻日内瓦代表团的大使会议，因为大使们平时就在日内瓦工作嘛。再往下就是技术层面的，比如参赞或技术专家等参加的会议。所以，在陈部长上任以后，我们实际上进入核心圈，参与重大决策的会议很多。

❋ 生 活 ❋

我们刚去日内瓦的时候，那里已经有一个"中国常驻日内瓦代表团经贸处"，"中国常驻 WTO 代表团"就设在那里办公，现在，使团还是和经贸处在一个楼办公。经贸处主要负责联合国贸发会议与中国有关的事务，经贸处的几位领导张克宁公参、陈建平公参都是商务部国际司的老同志，经贸处业务上属于驻日内瓦代表团管，但在财务上他们属于 WTO 代表团管。在住宿方面，当时我们是临时租的办公楼对面的房子，全新的，住房条件很好。国内也很支持，财政部专门给拨了款。现在已经在另一处买了部分职工的住房。

我们驻外机构一般情况下都是由国家提供住房。其他国家的驻外官员一般是国家给你工资，你自己租房的钱都在工资里了，所以是自己租房。住宿由国家提供，有利也有弊。如果你要在外面租房，要花很长时间，你得了解当地的法律，要找中介，很是麻烦。但是，如果你租到房子了，确实也锻炼人。我们驻外的这些同志是不是大家都能适应这种生活方式呢？可能很多人不适应自己找房子。但是，今后这也许是一个发展方向。现在已经比 20 世纪 70 年代派驻外国的情况不知道强多少倍了。当时派到国外去当外交官，不能带家属，也不能带小孩，更不能带父母，就是一个人去。这个政策维系了很长时间。因为当时国家外汇短缺，你出去以后，基本生活保障是有的，因为国家包下你的所有的吃、住、行。而且，一个月还再给你几十块钱的津贴，跟部队的待遇差不多。现在已经比原来好了不

代表团内部定期举办各种趣味运动会

知多少倍了。你出去可以带家属了，你也可以在外面买车了。当然，我们还有很多事情需要改革。比如，其他国家的一个大使出去，不光行李，甚至包括家俱。而我去日内瓦工作了九年，北京家里的东西什么都没有动，就是带了 30 公斤的行李。其他很多同志则只能带 20 公斤行李。当然，现在情况也在改变，外交官回国的时候带的东西可以多一些。那么，刚刚派出去的时候是不是也可以带更多的行李去？也许将来可以逐渐改进。

在使团，我们从国内带过来两个厨师，负责中午给大家做饭。主要是业务干部上午通常忙于开会，如果中午再回家做饭，下午再开会，那就没有时间了。所以，我们使团管中午的这顿饭，晚上，大家就各自回家自己做饭。其他国家的外交官，好像还没有听说那个使团给提供午餐的。WTO 总部周围有一些小餐馆，这些外交官主要是在那吃饭。WTO 大楼里面也有一个餐馆，主要是秘书处的一些人在那吃饭。外国人的习惯是中午饭吃的简单，一两个三明治和一杯饮料就够了。有些非政府组织搞活动，说中午给大家提供午饭，到时候你一

生活

看，就是几个三明治，还有点橘子汁什么的，吃完了再接着讨论。当然，不少使团大使的午宴还是比较正规的西餐。

日内瓦是个小城市，环境很好，但生活单调。有人开玩笑说：日内瓦真是"好山好水好寂寞"！其实，在很多中国人眼里，日内瓦就像天堂一样。国内有人说：瑞士是离天堂最近的国家。你看人家的风光、空气、绿地好山好水，还有人的素质，教育水平、文化水平都是非常高的。要说这个国家，也真是不简单。瑞士人是完全靠自己的努力奋斗才有今天的成绩的。这个国家没有任何像样的资源，完全靠教育。而且瑞士人非常的朴实。我觉得相比较而言，瑞士人特别遵守规矩。而且，他们对那些不守规则的人特别反感。所以，你在瑞士会看到爱管闲事的人特别多。管闲事实际上也是公民素质高的表现。一个人如果闯红灯、不许走的情况下，你走了，法规上说不许做的事情，你做了，都会有人出来干涉你。这个我觉得是挺有意思的事。尤其当他们看到车牌是外交官的牌子时，你要是不守规矩，他肯定在后面鸣喇叭警告你。这个也是素质高的表现。国内有人有时候经常是"事不关己，高高挂起"，属于各家自扫门前雪，碰到这种事一般是不太愿意去管的。这也是今后需要改进的地方。

当然，年轻人去了日内瓦以后，确实感觉比较单调。因为日内瓦是一个比较小的城市，不像繁华大城市那样设备齐全，文化娱乐活动那么多。我们住的地方相当于日内瓦郊区，不算城市中心。你要从郊区到城里还有一段距离。即使是在日内瓦城里，到礼拜天商场也都关门了，连个吃饭的地方都很难找。所以，业余生活比较单调。逢年过节，比如三八节、国庆节、春节、元旦这些重要节日或者周末的时候，我们使团自己的俱乐部会搞一些活动，有的时候会在团里组织体育比赛，打打羽毛球、乒乓球之类的，再设几个奖，或者组织大家去外面参观、爬山等。俱乐部在大家的业余生活中还是发挥了很大的作用的。团里一些同志，如杨博、邵旭宏、杨晨和谢建民等都是卡拉OK高手。团里还定期举办乒乓球和羽毛球比赛。刘宝贵、陈雨松、史明钢、毛天羽、曹文等都是比赛夺冠的热门人物。我们还有幸请到邓亚萍和梁戈亮等乒坛国手到团里做示范表演与指导。这些都是我们团内的集体活动。咱们双边驻外使馆也都有类似的俱乐部活动。

　　大家对这些集体活动都挺有热情的。而且，那边的环境比较好。冬天的时候，大家刚开始还不太会滑雪，就去滑雪橇。在日内瓦周边找个地方，像大雪覆盖的山坡上啊，带上几个雪橇，玩得也挺开心。到后来，很多年轻人就开始学滑雪了。我团来自外交部的张越参赞最早带年轻人去学滑雪。他不仅业务能力强，而且生活也十分潇洒，滑雪、滑水、降落伞样样精通，与其他馆员的关系十分融洽。WTO总部有时也组织滑雪比赛，要求参加的代表团除了干部以外，必须有一个女士和一个小孩。我们也参加过几次，还取得了不错的成绩，包括取得了一个"最耐心的滑雪者奖"！也就是倒数第一！（笑）。后来有一个同志在滑雪比赛中摔伤了，我们就不再参加了。我们的员工平时练滑雪的时候就是随便滑，并不正规，但是一到正式比赛就得按照规则来，要是没有正规练过就比较麻烦了。

与代表团外交官的孩子们在一起

生活

我们刚去的时候，各国使团还组织了足球比赛。5 个人的球队比赛，上场踢 20 分钟决胜负。我们和驻日内瓦代表团联合组织了一个足球队，大家都穿着中国国家队的服装在那儿参加比赛，战绩还不错。虽然小组没有出线，但我们把葡萄牙给赢了，还平了哈萨克斯坦，比起国家队来也不差。我们的守门员李强曾是北京大学校队的守门员！孙学昆表现突出，一人在比赛中累计有四个进球。比赛那天，我们使团去了很多人，打着国旗，助阵观看的人很多，最后，我们还拿了一个风格奖，是一个大奖。那次比赛还挺有意思的，为了备战这次比赛，我们就组织大家周末去练足球。瑞士这个地方，足球场特别多。而北京那么大的地方，平时就看不到像样的足球场。日内瓦有许多体育中心，可供踢足球的草坪也很多，在上边踢球，感觉非常好。所以，世贸组织的大使们后来也搞了一个足球俱乐部，一些主要国家的大使都参加了。我给他们提供了球衣，蓝色的和红色的两个队。当然，大使们参加活动主要不是踢球，而是踢完球之后大家在一起吃一顿饭，在一起分享逸闻趣事。每个大使轮流坐庄，主要也是为了联谊，增进感情嘛。

外国人的休闲方式和中国不太一样，一般到周末，他们会请几个朋友一块搞个烧烤。我们现在也经常有这

与李保东大使在代表团举办的中秋联欢会上

曾培炎副总理来代表团视察

样的活动，几个人周末约了一起去山顶公园烧烤。外国人有时也会请一些人去品酒，像白葡萄酒、红葡萄酒，等等。尤其是当地的瑞士大使经常搞这些活动，他们会邀请一些比较要好的大使，在不同的地方搞活动。烧烤活动搞得还是蛮多的。关系比较好的大使之间有时会在家里搞些晚宴，带夫人去。这种社交活动一般就不谈工作上的事情了，完全是社交活动。这种活动也是挺频繁的，目的是为了增进交流。举办这类聚会通常也是轮流坐庄，有来有往。

使我们感到深受鼓舞的是，世贸团成立以来，先后有吴仪、钱其琛、曾培炎、王忠禹、司马义·艾买提、华建敏和韩启德等多位国家领导人在访问瑞士期间，专程来看望我们，向全体馆员表示慰问。另外，石广生、李肇星、陈德铭、杨洁篪、牟新生、郑斯林和葛志荣等部领导也都曾亲临世贸团指导工作。领导同志的光临指导，使世贸团全体馆员受到很大鼓舞，士气大增。

❋ 认 识 ❋

关于中国所处的国际环境

中国是一个有着十三亿人口的大国。从鸦片战争以来，我们的国家经历了那么多坎坷，饱受列强欺负。然后就是内战。在和平时期又经历了一些比较左的路线和文化大革命，当时的形势非常严峻。经过三十多年的改革开放之后，去年也就是 2010 年我国的 GDP 总值已经超过日本，成为仅次于美国的世界第二大经济体。而在 2009 年，中国的外贸出口总额超过德国，成为世界第一大出口国。目前，国内这样的呼声很高，即中国现在越来越强盛了，我们应该提升在国际上的话语权。

从国际交往上看，中国现在越来越从双边的关系向多边的关系发展。你看最近两年，胡锦涛主席、温家宝总理亲自去参加 G20 峰会、APEC、亚欧峰会、气候变化谈判，等等，这些会议都是多边的。近几年来，从国家领导人的日程安排来说，国际多边交往的比重越来越大。这也就是说，中国在世界上的份量越来越重。其他的国家看待中国以及对中国的要求也和以前不一样了。所以，中国目前面临的一个比较大的问题就是：如何提升自身在国际舞台上的话语权。

实际上，就经济而言，中国已经具备一定的实力了。按照人均GDP 我国的经济实力还不是经济强国，也就是说我国的经济实力还不是很强，但至少就经济总量而言也可以称得上是经济大国了。但是，你的软实力怎么样？有没有很大的号召力？有没有占据道义制高点？这是一个大问题。这将决定你说话有多少人听，决定你能否在国际多边关系中很有影响力。

关于这一点，我认为是对我们国家有很大的挑战。所以我想今后，包括"十二五"规划以后的努力方向，就得往这方面发展。但是有一个问题，就是西方并不认同中国的社会制度。所谓的"中国模式"，中国的崛起将对世界产生的影响是什么，那些正在走向衰落的经济大国会怎么反应，这些对我们也是很大的挑战。怎么能够顺利地实现和平崛起、和平发展，这也是一个很大的挑战。现今国际上讲的，有"中国崩溃论"的，也有"中国威胁论"的，这个我们坚决反对，其实质是不想让你崛起，阻碍你的发展，拆你的台。

当然了，现今提的最多的是"中国责任论"。对于中国责任论，我们要做一个具体的分析。我们经常说，我们要做一个负责任的大国。温家宝总理也在政府工作报告中讲到，我们要承担起相应的责任；但是，作为一个发展中国家，我们不能接受超过我们经济发展水平和承受能力的责任。另一方面呢，你要想提高软实力、提升话语权，又是跟这些责任紧密相连的。你要是不负责任，你说话就是没人听。所以呢，我觉得中国想要在多边关系中发挥作用，就必须站在道义的制高点、提高自身的软实力并且承担起相应的责任。作为一个政府，必须承担起应当承担的责任；作为一个企业，不论是国内的企业，还是走出去的企业，也要承担相应的社会责任。这样，人家在国外提起中国，首先会考虑到你中国是一个大国，起码你现在是 G20 的成员，又是安理会"五常"之一，你对世界的贡献是什么？你在其中发挥着什么作用？是积极的作用还是消极的作用，是推动的力量还是破坏的力量，还是不吭声地只当一个观察员？也就是说，我们的作用怎么发挥？

我觉得关于这一点，我们应当进行周全的考虑。不能超过我们本身的国力一味往前冲、承担与我国国力不相符的责任。前一阶段有人大讲 G2，要求美国和中国两家承担最大的责任，这是不适合的，因为现在我们无论是硬实力还是软实力和美国相比，差距还很大。这个差距不仅仅在经济实力上，而且在谈判经验和人才素质方面。从我在中国驻 WTO 使团这些年的经验看，在一个多边的体制内，其实任何一个国家都可以站出来说：我要召集一个会。如果没有人来参加会议的话，我就宴请，搞一个午宴、晚宴、早餐之类。例如，日本人就是这样做的。当美欧等在巴黎召集五方会谈，有印度、巴西和澳大利亚而没有日本，日本部长就去巴黎召集早餐会，请这五国部长给他介绍会谈情况。他们还通过首相给总干事、给美欧领导人写信来保住核心成员地位。在世贸组织中任何一个成员都可以召集其他成员讨论他所关注的问题，或讨论一个可能共同发起的提案。这都是所谓的发挥你的引领作用的方式，可以说：根据大家的意见，咱们搞个提案吧；咱们提交到哪个委员会去，咱们去讨论一下吧。当然，你要想出面当这个领袖呢，你就要付出很多；首先自己得有个 idea（创意）：我现在想要推什么。然后得考虑：我这个想法，人家会不会接受。当然，我起草的东西肯定要符合我的利益，但是，符合不符合人家的利益？在这个讨论过程当中，人家提出某点异议来了，他不同意你的意见，要求修改，那你改不改？你如果改了，会不会损害你的利益？这些都是问题。所以，我们面临着很多问题，我们要搞一个共同的提案，这里面首先要有你的利益，但人家的利益你也要尊重。最后求同存异，把大家均可接受的内容写入提案。

中文里有一个词叫"妥协"（compromise）。因为有让步的意思，所以它有点贬义。在一般人看来，怎么能妥协呢？我要坚持我的原则。但是，在多边场合，有许多问题并不一定都是没有妥协余地的原则问题，妥协是要在各种利益之间找到一个平衡点。你不能全是自己的利益。你要是只讲自己利益的话，没人会跟回你联合。但要是你一个人提出议案的话呢，你就势单力薄。中国虽然是个大块头，要是没人响应你的话，就形不成一股合力。所以，我们经常开玩笑说：多边是干什么的呢？多边就是"拉帮结伙打群架"——看谁拉的朋友多，谁的同盟军多。这就得靠平常做很多的事情，做很多的努力。但是，你要交朋友的话呢，光靠经济实力是不行的，还要看你是否占据道义制高点、是否具备软实力。这也决定了你在国际舞台上能够有多大的话语权。更重要的是，人们不光看你说的怎么样，更要看你做的怎么样。美国人口头总是冠冕堂皇，但它的行动却总透着盛气凌人的霸权主义，以世界警察的身份追求其经济利益的最大化。这是美国在世界上形象不佳的重要原因。

现在中国做任何一件事，人家都会从你做的怎么样来衡量你，因为人家是有担忧的。在中国刚"入世"时，人家就担心：中国这么一个大块头、出口能力这强，入世以后中国产品会不会抢占我的市场？会不会影响我们国内的就业？我们的产品会不会出口出不去了？诸如此类的担忧。而且，由于这些担心，后来是发生了不少问题的。过去一个世纪，如果说是美国主导的世界，那么将来中国崛起了，有些人就开始担心，中国主导的世界是比美国主导的世界更好呢，还是更差？美国人当初为什么能够这么牛呢？"一战"、"二战"之后，首先它的经济实力强了，国内生产总值占世界的百分之五十，黄金储备占三分之二。然后再看它做的一些事情：它推行自由、民主、人权等价值观；这在西欧和北美，甚至在亚洲、非洲、拉丁美洲都很有市场。再一个呢，美国实施了"马歇尔计划"。"马歇尔计划"让美国在国际形象上得了高分。它在战后从自身利益出发帮助欧洲进行重建。甚至连德国也没有排除在外，不是说我们把德国打败了，就让它一败到底、将它踩在脚下，让它永世不得翻身。美国不是这样做的。"马歇尔计划"就是我援助你，我帮助你重建，因为我需要你的市场。整个欧洲经济发展起来了，我才能在欧洲这个市场有所作为，我才能跟你进行技术等各方面的合作，才能保持美国的经济繁荣。由于美国注重软实力，使它在相当长的一段时间内尽管做为世界警察不断遭到谴责，但影响力仍然不减，在长达一个世纪时间里长盛不衰。

从更远一些的历史看，美国和一些老牌殖民主义国家是一丘之貉，这肯定是没有争议的。但它们又有些不同之处。就说八国联军侵华之后的"庚子赔款"，你看美国的做法就和英国与法国不一样。美国用"庚子赔款"为中国建了一个清华大学、建了一个协和医院。这样一来，它就占领了道义的制高点，它就赢得了许多中国人的人心。这就导致它的软实力的增强。人们一听说美国，就会说，美国人不错啊，心地善良，起码是很朴实的。

当然，美国现在正从道义制高点上往下滑落，尤其是"9·11"以后。你看它干的那些事！"9·11"事件为什么是针对美国发动的？你想想：你这么横行霸道，在中东以及世界各地推行双重标准，只许州官放火不许百姓点灯，这种霸道的作风得罪了世界上的许多国家。这包括后来被美国入侵的阿富汗、伊拉克。美国入侵阿富汗还算有联合国的授权，但是，入侵伊拉克则是美国失去朋友最多的一个决策。美国在没有获得联合国授权的情况下就随便侵略另一个国家。你说伊拉克拥有大规模的杀伤性武器，但又没有找到。所以说，美国已经从其道义制高点上往下滑落了。但是，美国现在实力还很强，拉着很多盟友。尽管不少是貌合神离，也还有些共同语言。

所以，从中国来说呢，你要想崛起，你要想拥有更多的话语权，就得做大量得人心的工作。我们近期做了几件很漂亮的事情。一个就是在亚洲金融危机时，各国货币竞相贬值——那没办法，是为了应对金融危机的需要。当时，中国坚持人民币不贬值，顶住了金融危机的压力，也为此付出了代价。这实际上是帮了很多东南亚国家的大忙。就这一做法，中国赢得了很多东南亚国家的赞赏。包括后来通过IMF援助泰国也为中国赢得了很多朋友。所以后来才有了我们跟东盟建立自由贸易区的安排。我们能够跟东盟的贸易关系发展得比较紧密，这是很了不起的。因为历史上，"东亚共同防务条约"就是北大西洋公约组织的翻版。东盟一些国家都是十分担心中国输出革命的。然而现在，大多数东南亚国家对中国的恐惧心理基本上是没有了。这与我们这么多年的工作、争取人心是分不开的。再比如说，最近的欧洲债务危机，你可以看到咱们的领导人去访问，表达中国对解决欧债危机的立场，并通过双边和多边途径帮助欧盟渡过难关，这实际上是表明了中国对欧盟的信心、对欧元的信心，同时也表达了我们对它们的支持。这是一个很重大的决策，它有助于拉近我们与欧盟国家的距离。所以，后来我们从利比亚撤侨民，许多国家就拼命支持我们，周边的国家也都支持我们，这与中国在上述事件中的所作所为是有很大关系的。

总的来说，随着全球化的发展，中国在世界上发挥的影响和所处的地位与政府的决策是否具有国际视野、决策是否能够提高软实力和话语权等方面是紧密相关的。我觉得，通过 G20、联合国或其他各种多边的舞台，中国的声音会越来越大。中国要想有更大的感召力，就必须做一个负责任的大国。当然，我说的这个负责任的大国和他们宣扬的责任论又不太一样。他们的责任论是什么意思呢？就是说，现在你中国已经是第一大出口国和第二大经济体了，所以，你就不能再声称自己是一个发展中国家了，也就是要剥夺中国的发展中国家地位，这是我们坚决不能接受的。这不光是人均 GDP 的问题，而且在法制建设，教育水平、社会保障水平等各方面中国都不太行，与发达国家都没法比，所以说，这是我们不能接受的。而且，你没有了发展中国家的地位以后，你要承担很多你本来无力承担的东西，包括气候减排、降低关税、开放金融、电讯、证券等服务市场。如果你没有了发展中国家的地位，就得和发达国家一样做。这是我们是达不到的。

我刚才将美国作为例子进行了对比，说明中国应该在国际交往中抢占道义上的制高点，一定要具有软实力。我们处理亚洲金融危机和欧洲债务危机的态度就是成功的例子。结合我在日内瓦工作的经历，我认为，我们在 WTO 方面也可以做一些这样的事情。

关于中国在 WTO 中的表现

我们加入 WTO 之后最重要的问题，就是怎么履行承诺。这是WTO 各成员衡量中国是否合格的重要条件。其他国家最担心的是：你中国加入 WTO 之后，会不会履行这么多承诺，会不会耍赖？如果中国加入 WTO 之后把承诺过的东西都一风吹了，怎么办？而站在中国的立场上，中国人担心，我承诺这么多，那么将来我的经济受到冲击怎么办？在中国刚加入WTO的时候，这种想法是很普遍的。但实际上，中央下了很大决心：只要是我承诺的，我都照办。这个事很不容易。

加入WTO之后，我们要做的一个很重要的工作就是法律法规的清理。凡是不符合WTO规定的法律法规，要么废除，要么修改，工作量非常大。仅中央各部委就要清理两千多份法律法规！在这方面，中国政府是下了很大决心的，各部委也都做了很多工作。这项工作在国际上的影响是非常大的。所以，在WTO对中国进行第一次和第二次"过渡性审议"的时候，各成员方对中国的做法是非常认可的。我觉得，清理我国的法律法规这件事情其实在某种程度上是提升了我们在WTO中的地位和影响力。

我记得在WTO于2006年对中国进行第一次过渡性审议时，欧盟和美国提出了好多问题，但大多数国家都不说话。也有一些国家站出来替中国人说话，指责美欧说你们别吹毛求疵了，人家中国已经做得很不错了。这个时候，总理事会主席马奇（Sergio Marchi）给我写了一个字条，表示祝贺，祝贺我们履行了WTO承诺，而且下了这么大工夫。他给我们的打分是"A+"。所以，不能小看法律法规的清理和修改。你想想，美国人修改法律那么容易吗？他要想修改一个法律没几年能下得来吗？中国的作法是十分认真的，当时中央成立了一个法律法规清理领导小组办公室，由吴仪同志亲自负责，国务院法制办牵头。商务部也成立了工作小组，不仅负责外经贸法律法规的清理，还在全国法律法规清理中起到了咨询作用，因为大家都说"入世"是你外经贸部主谈的，你最熟悉WTO规则，所以都向你咨询。清理法律法规的工作在全国搞了两年多的时间，非常辛苦。当时，《财经》杂志封面文章有一个大大的标题："中国变法"，就是讲这件事情。

认识

日内瓦怱怱岁月——中国常驻WTO代表团首任大使孙振宇口述实录

最近总有记者来问我：你觉得中国加入 WTO 之后最大的收获是什么？我觉得最大的收获就是清理法律法规。它对我国的法制建设起着重要的推动作用，它标志着中国正从政策性开放过渡到制度性开放，从而确保了中国今后继续按照改革开放的路子走下去。这是非常重要的，因为法律法规都修改完了，你想再退回来，那就不行了。退回来就会违反你的加入承诺。这就是一个外力，推着你朝前走。

当然了，中国本身也有改革的愿望和需要。WTO 规则虽然是美欧国家主导制定的，但它其中也有很多合理的成分。比如透明度原则——所有法律法规都应该全国统一、透明，这是非常好的。如果全国的法律法规都在暗箱操作，维护部门的利益和某个集团的利益，今天公布明天就实施了，这个行吗？不行！所以，立法的程序必须是公开的，必须广泛征求社会各界的意见。你先根据各方面的意见做修改，经过几读之后再出台。而且，通过以后，还要经过一段公示之后再实施，好让大家知道什么内容，做好执行的准备。这还是很合理的。现在，中国的立法程序已经很规范了，你像在政策出台之前召开很多听证会啊，征求各方面的意见啊，尤其是在外资外贸方面，你还得征求外商的意见。有些法律，比如《合同法》，还要征求公众意见，草案也在全国人大的网站上贴出来。大家热议的个人所得税法的修改就是一个例子。这就保障了法律制订过程的公开透明。

中国今后要建立法治社会、取代人治，立法是保证今后长治久安的一个很重要的因素。再说，本来法律的宗旨应当保护全体大众，要保护老百姓的利益，保护弱势群体的利益。强势群体同样也需要规范的——如果没有法律，强势群体想干什么就能干什么。那就乱套了，成了弱肉强食的"森林法则"了。法律制定下来，特别要保护弱势群体的利益，才能保证公平、公正，社会才能够保持平衡，才能和谐。

前面说到 WTO 在 2006 年对中国进行第一次过渡性审议。当时也有很多人问我：你觉得我们在履行 WTO 义务方面做得怎么样？我说，我给打 90 分吧，因为也有一些地方做的不是很到位。但这个功夫已经下得很大了，全世界没有哪个国家能像我们国家，这么大规模地清理法律法规，这肯定是前无古人的，恐怕也会是后无来者吧！这也为今后的中国立法打了一个很好的基础。

在加入 WTO 的初期，中央曾经组织过一个培训班，专门针对省部级领导进行培训，江泽民主席、朱镕基总理亲自授课，各个部门的专家给各省书记、省长集中授课一个星期，让大家脑子里有一个 WTO 的概念，要求今后各个省出台法律法规，都必须考虑与 WTO 的合规性。比如过去直接奖励出口，一美元补贴 3 分钱，就不能再继续了。这锁定了一个概念，就是今后出台任何法律法规，都必须考虑到 WTO 的合规性问题。当然了，经过十年，有些地方出台的规定并没有完全做到，有些时候白纸黑字也让人抓住小辫子，但总体上各级领导还是有 WTO 这根弦儿了。所以在纪念中国入世十周年的时候，应该让这些新一代的领导人加深这些概念，包括省市的、地方的干部，应该让他们也像当初的领导人一样接受 WTO 规则方面的培训。省里也好，市里也好，都要考虑出台的规定符不符合 WTO 的规定？在制定政策之前，首先考虑是不是符合 WTO 的承诺。作为一个负责任的大国，不能在出台政策法规的时候存在着明显是与 WTO 规则和承诺相对立的东西，从而让人家抓住把柄。在这一点上，我认为中央是有决心的。

因此，在中国"入世"之初，清理法律法规，履行承诺，包括放开贸易权、降低关税，我们完全都是按照承诺走的。没有任何一个 WTO 成员提出来我们哪个产品的关税没有按照承诺办。我们完全是按照承诺的时间表降税的，这个他挑不出一点儿毛病来。总体上，我们履行承诺是非常严格、非常认真的。

关于争端解决机制

现在，我们加入 WTO 将近十年了，也有很多案件被诉到 WTO。我要强调的是：我们要认真对待 WTO 裁决。也就是要认真执行裁决，要表现出负责任大国的风范，这是占领道义制高点的一个重要方面。

WTO 与其他国际组织的根本性不同在于，它有"牙齿"，那就是 WTO 争端解决机制，它被称为"皇冠上的宝石"啊！我们每个 WTO 成员都必须很好地维护这个机制。尽管它存在这样那样的不足，但各个国家在多哈回合里都承认：WTO 争端解决机制运转的情况比多数成员国内法运转的情况要好。对这个机制，大家认为总体上还是令人满意的。截至 2010 年底，WTO 受理的 419 个案件中，裁决生效以后尚未完全执行的案件也就那么六、七件，而且主要都是涉及美国的法律和做法，例如，美国被诉的"归零案"、"伯德修正案"、"海外销售公司案"。美国也不敢公开说自己不执行裁决，但事实是，它的相关法律改来改去，总是未能符合 WTO 的裁决。因此每隔一两个月，WTO 争端解决机构（DSB）一开会，各个国家就开始谴责它。美国都得报告，说这事儿还在国会讨论中。欧盟、巴西等很多成员都要表达对这个问题的关注——每次开会都要"批斗"美国一顿。说实在的，这对美国软实力的损伤是很大的。你要维护这套制度，就要靠争端解决机制的运转，如果你带头不执行争端解决机构作出的裁决，其他人也跟着不执行，这个体制就瘫痪了，没有 credibility（信用）了。

我们中国在 WTO 也有几个案子败诉了，但是，我们履行得还是不错的。因为案子本身，不是非得争个输赢，把它的法律条文含义搞清楚，加深对条款的理解也是一个成绩。所以说，是不是执行WTO的裁决对中国的形象有着很大的影响。尤其是现在，多哈回合谈判陷入僵局。实际上，整个WTO机制，除了贸易政策审议和各常设机构的例会以外，就是争端解决机制还在正常运转，起着很重要的作用。

当然，在执行裁决的过程中，国内仍然有部门利益和国家大局的矛盾问题。有一些部门实际上是想守着自己的垄断权力不放，于是想方设法找各种理由。就拿我们外贸部门为例，我当过中粮集团的老总，很理解这些想法。我觉得过去的老总，比现在的好当。过去的老总不用考虑很多的企业效益，只要考虑怎么完成国家布置的创汇任务就行。比如，国家给你创汇15亿美元的任务，你就得负责去收购货物，对外出口，赚回来15亿美元的外汇上缴国家，你就算完成任务。至于说这15亿美元的创汇花了多少成本，你不用太担心，因为国家给你核定成本。不同的货物有不同的换汇成本，那个时候大米好卖，1.5个人民币就可换1美元。比如罐头什么的，是4块钱的换回1美元的成本。你卖了1美元大米，国家给你1.5个人民币；你卖了1美元罐头，国家给你4块人民币。都是内部结算，集团老总的脑子里就是想着怎么完成国家的创汇计划。今天就不一样了，你的经营、贸易成本、收购以后的盈余，都得好好计算。另外，你的投资效益怎么样，都是很重要的方面。如果出现大的投资决策失误，整个公司的资金链都会受到很大的影响，甚至会破产。所以，现在的老总压力很大。当初，国有企业与国家主管部门脱钩的时候，一些外贸公司由于在国外期货交易所参与衍生交易时失利，直接面临着破产的风险。金融衍生产品的生意风险巨大，做不好一笔生意会亏本几十亿美元。因为外贸公司本身不是金融公司，搞金融衍生品很容易给套进去，这是很麻烦的。这些外贸公司经过业务重组之后，这些年吸取了教训，主营业务发展很快，成绩骄人。

当时实行外贸垄断经营也有特定的历史背景的。我们在新中国成立初期，外贸都是国家统制的。当时许多部门都不直接对外洽谈贸易与合作，很多都是要统到外贸部、外交部等对外口，由他们来统一对外。例如，涉及到大型设备和机电产品进口，必须先找外贸部，然后由外贸部与有关部委和专业外贸公司协调，协调后由外贸部来答复。当时国家计委只负责国内综合协调，都不直接对外。外贸部也不是谁都可以直接对外的，各业务主管司局要通过地区局对外。工厂企业都不能直接和外国人搞外贸，都得通过外贸专业公司对外统一来安排。改革开放以后，外贸大发展。外贸专业公司的垄断被打破，包括民营企业都在搞外贸，这个劲头就不一样了。因为过去，地方企业没有积极性。他们只负责搞收购，收购之后货源交给外贸公司出口，出口拿到的外汇就归外贸公司了，地方企业只能结算人民币。有时也分一点儿外汇额度，但还不能想怎么用就怎么用，因此地方企业没有积极性。现在限制取消，外贸经营权放开了，企业的积极性就起来了。当然，这里面也有一个互相竞争的问题。比如，铁矿石的进口价格外方想怎么涨就怎么涨，因为我们多头对外，存在这个弊端。但综合评估利弊的结果是，总体来说还是放开的好。所以，外贸改革是经历了一个很痛苦的阶段，但现在我们已经比较适应这种情况了。

我举这个例子是想说明，我们各个部门、各个地区改革开放的任务依然很重，因为这涉及到权力和利益的调整与再分配。现在，我们搞对外开放，扩大市场准入是大方向。我们既然是 WTO 的重要成员，就要认真履行 WTO 义务。因此，我们要清醒地认识到，部门利益和国家大局的关系，局部利益要服从大局和整体利益。

此外，我还想谈谈我对 WTO 案件的一些看法。在中国驻 WTO 代表团工作期间，虽然事务繁多，但我对 WTO 案件一直很有兴趣，经常请负责的同志介绍情况；国内有负责案件的代表团来日内瓦的时候，我也很愿意听听他们的想法。我觉得，研究国际法、研究 WTO 的同志，光研究条文是深入不下去的；WTO 条款本身十分枯燥，而且由于 WTO 各项规则都是成员谈判达成妥协的结果，也存在模棱两可的情况，必须结合案例进行分析，这样才能对 WTO 有更加深刻的理解。所以我一直主张，从事 WTO 工作的人员尤其是年轻人，不要光看乌拉圭回合的条文，否则越看越感到乏味，而且应当结合具体的案例和相关条款来研究。在研究中国案例时，也要结合中国的"入世"承诺，结合案件分析相关条款。有些案件就是由于双方对条文的理解不一样而产生分歧的。比如，在中国被诉的"出版物案"中，中美双方对"音像制品"的理解产生了分歧："音像制品（sound recording）"是仅指物理形态音像制品（例如 CD、DVD），还是也包括电子形式的音像制品（例如网络音乐服务）？再比如，很多案件都涉及对"同类产品"（like product）的理解问题。当然，也有一些案件往往会输在程序性的问题上，并不是你法规的实体内容有什么缺陷。

中国能够从参与的 WTO 案件中获得经验是非常重要的。比方说，在中国"入世"之初，我们就和美国打了一个"钢铁保障措施案"。那个案子我们的收获特别大。当时，我们是 WTO 的新成员，由于没有什么经验，我们就跟着欧盟、日本和其他成员一起在 WTO 告美国。这些告美国的国家经常聚在一起开会和协调。欧盟负责牵头该案件，往往是白天在 WTO 总部开了一天听证会，晚上还要聚集到一起开各原告之间的协调会，进行分工，八个原告国家分出不同的侧重点负责陈述。在整个程序上，就是商量怎么来抓住时机、怎么来提出建议、下一步怎么做，从这个案件中我们学了很多。当时，欧盟的代表跟中国代表团成员说：现在你们跟着我们对付美国，以后你就该用这套对付我们了（笑）。我们的确是在干中学，积累经验，培养我们的人才。到了2009年，我们还真的在WTO指控了欧盟对华紧固件反倾销措施并且胜诉；2010年，又起诉了欧盟对华鞋类产品反倾销措施。当然，欧盟在"汽车零部件案"、"金融信息案"和"原材料出口限制案"中也起诉了我们。

每一个案例，各方的陈述材料加在一起都有上千页。例如，在"钢铁保障措施案"中，各方陈述一共是八千多页案件材料！但我最关心的，是这个案件的关键点在哪里。我们赢也好，输也好，赢在什么地方、输在什么地方，这个问题是最关键的。然后，我们总结经验教训，以后再打别的案件，关键点在哪儿就会心里有数。

了解WTO案例对我自己的工作很有好处，因为这牵涉到WTO争端解决机制今后往哪里走的问题。我在中国驻WTO代表团工作的后期，全程参与了由部分主要成员大使参加的一个大使级磋商，其中的一个议题就是争端解决机制问题。多哈回合谈判里就有一个争端解决方面的议题。怎么谈、今后往哪里走、怎么做妥协，包括裁决生效以后的执行问题、发展中国家没有能力参与等问题，都是从这些具体案件中引发出来的。

关于中国与其他成员合作

我们在WTO事务的前方工作，有一个非常深切的感受：要树立中国的形象，占领道义制高点、提高软实力，一定要做好前方与后方的配合工作。我们经常开玩笑说：我们这些外交官都是跑堂的、上菜的，国内主管部门才是后台大厨；菜好不好，客人吃了满意不满意，大厨是最重要的。

这是一个非常关键的问题，即你在前方的谈判是依托后方的支持的。这一点，我们是很清楚的。在前方，我们的信息比较多，包括各个成员的态度和立场。那么，我们在前方的责任就是要广泛搜集各个成员的不同立场，再结合我们国家的利益，看看在谈判中我们的定位应当是什么，然后把我们的想法汇集起来报到国内，提出关于我们怎么处理这件事情更合适、采取什么样的立场更合适。至于国内呢，各个部门之间要相互协调，要掌握全局。比如，在某一个问题上，我们要采取什么样的立场，商务部会根据我们报的情况，再根据国内协调的情况给我们指示，告诉我们这事应该怎么做。所以，我们的任务，一是负责往回报，报情况、报建议；二是国内来了指示以后，我们按照指示执行。当然，有时候国内来的指示与我们的想法不完全一致，这也是很正常的。因为我们看到的是一个局部，而国内是要考虑国内和国外两个大局，所以，我们还是按照国内的指示执行。实际上，我们也经历了很多这方面的情况。一般来说，我们报到国内的建议之类的，国内基本上会采纳，但是也有一些建议，国内觉得按照国内当前的形势和需要，应当作一些调整。

关于向国内报送信息和建议，我们的原则是，尽量报送全面的信息和真实的想法，供国内参考。例如，在农业问题上，我们本来是比较倾向于加入发展中国家的 G33 这一组织的。当然，国内有同志认为，G33 完全是农业谈判的一个防守型的组织，中国在贸易谈判中加入也许太消极了。后来，我们一直没有参加 G33。甚至当 WTO 在大连召开小型部长会议时，G33 一些核心成员当时也在大连召开会议，我们作为东道主也没有参加。过了很长一段时间后，我们先当观察员，后来慢慢也加入了 G33，并成为核心成员。实际上我们的农业利益，最后是在 G33 成员的共同推动下得到了保护，尤其是保证了我们的粮、棉、油、糖等大宗商品的关税不消减。我觉得，我们在前方，有时候的想法比较超前，国内要接受需要一个过程。也许要随着环境的变化才觉得你最初的建议是可取的。国内各部门的意见可能也存在着不一致，有时候一时很难协调下来。

再比如，在非农谈判方面有一个 NAMA（Non Agrucultural Market Access）Eleven 的组织。它为何叫 NAMA Eleven 呢？它现在实际上是有十个成员，这 Eleven 里边最初的想法是让中国加入的，但我们没有参加。当时国内的考虑是，我们在制成品方面有许多出口利益，中国加入这个组织会显得太突出防守利益了，所以，直到现在我们都没参加 Number Eleven，尽管我们在谈判中是经常呼应他们立场的。当然，国内的考虑是有其道理的，在制成品出口方面，发展中国家一直对我们存有担心，如果我们跟发展中国家抱团后，那我的出口利益怎么维护？所以，从这方面考虑，我们没有加入 NAMA Eleven。

这里面也有个文化方面的问题。将来你要想发挥你的影响力，提升点实力的话，有些成员举办的招待会你是要去的。可能你自己觉得并没有那么大的实际的影响力，但是，在别人眼里却不是那样的。一些招待会，中国大使到不到场，有些成员是很在意的。多边组织里有很多小会议只有那些有资格的大国才能参加，进行磋商。除了正式会议是所有 WTO 成员都能参加的之外，很多早餐会、午餐会、晚餐会都只有特定的国家才能参加。我们在日内瓦就有个机制：每周都有一次早餐会。实际上，WTO 有关多哈回合谈判的议程，有许多甚至在这个早餐会上酝酿的。早餐会除了美、欧、日、中、印度和巴西大使外，还有一些谈判机构的主席，大家轮流坐庄。谁坐庄，谁就得主持这个早餐会。这个早餐会已经成为制定 WTO 议程的一个组成部分，非常关键。可能你自己觉得没有什么，但是，别人会认为你知道好多情况，想向你了解了解。所以，你应该定期地给人家传播一些信息，比如现在在谈什么啊、进展到什么程度了，等等。你有责任和这些支持你的朋友们定期地作一些交流。招待会实际上是一个很好的机会，你到哪儿碰到人说，今天上午我们说啥了，昨晚又讨论了什么问题，给他一些信息，其实这就是你对他的影响力。除了在招待会上见面之外，我们在日内瓦和我们的友好成员巴基斯坦会进行定期地双边磋商。另外，我们和香港地区、澳门地区，也会进行定期的磋商。在最核心的五个发展中国家，即中国、印度、巴西、南非、阿根廷之间，也会进行定期的磋商，在每周的早餐会上和美国、欧盟等发达成员磋商。当然，我们和 G33 的其他发展中国家，包括土耳其、菲律宾、印尼等这些成员也进行磋商。在多边机制里头会形成很多的小圈子。这些小圈子其实就是大家进行协调，形成共同的立场。这些私下的磋商重要性丝毫不亚于正式的多边会议。

关于发展中国家

这里还想谈谈发展中国家的问题。在我赴日内瓦上任之前，有一次在北京饭店请前美国贸易代表巴舍夫斯基大使吃饭，她就是那个当初与我们进行中美 WTO 谈判的代表，在中国的名气很大。她对我说："Mr. Sun，日内瓦那个地方，GATT、WTO 已经搞了很多年了，它的格局、利益大致上是有一个平衡点的；中国这么一个大块头进去，这个平衡点会发生一定的变化；您到了日内瓦，发达国家和发展中国家肯定都会来拉拢您；您先别表态，先看看，观察一下。"我一到日内瓦之后，很多记者就问："中国加入 WTO 以后，是偏向发展中国家一边呢，还是作一个发达国家和发展中国家之间的桥梁？"这是一个挺大的问题。

其实作桥梁不是那么容易的，也不是谁都可以作桥梁的。作桥梁也是有代价的。所以，我看这十年下来，我们更多依托的还是发展中国家。当然，我们与发达国家也是保持良好沟通的。我回顾我在任的这九年，我们是想作桥梁，但是进去以后，各种因素决定了我们还是得站在发展中国家这一边，还得依靠发展中国家。因为第一，这与WTO 现有的整套规则体制有关。第二，这也是对我们入世时受到的具有歧视性的"WTO plus 条款"的反弹。此外，在 WTO 整个谈判当中，实际上矛头是直接指向这些新兴的发展中国家的，把"发展回合"变成了一个发达国家尤其是美国的市场准入回合。所以，以上的几点因素逼得我们只能与发展中国家站在一起。就如在气候变化问题上，就是新兴的发展中国家抱团。其实，自中国入世后，巴西、印度、南非和阿根廷，我们这几家就已经在抱团了，这一直都没有变。首先，多边贸易体制谈判八个回合以后，尤其是乌拉圭回合以后，为什么多哈回合的启动这么困难？也就是要启动新一轮的多哈回合时，许多发展中国家都不情愿。为什么不情愿？因为在乌拉圭回合中，发展中国家认为吃了大亏。发达国家利用乌拉圭回合塞进了很多东西，这大大损害了发展中国家的利益，包括知识产权、服务贸易等，而且发达国家还想把劳工标准和环境问题也加到新一轮的谈判中。所以，乌拉圭回合明显地是由发达国家主导的。而且，世界的两极分化日益严重，一些国际组织越来越多地维护发达国家的利益，搞双重标准，所以才有西雅图部长会议的失败。自西雅图会议之后，反全球化势头高涨。直到"9·11"以后，多哈回合才启动。经历了"9·11"，大家意识到，国际组织的作用更重要一些。当然，发达国家也作了一些让步，把劳工标准从谈判议题中取消了，在新加坡议题上也作了一些承诺，但条款很含糊。通过启动多哈回合决议之前只有印度一家仍持反对意见。最后启动的时候把印度部长的心脏病都逼出来了。所以，多哈回合的启动本身就先天不足。虽然部长宣言加了很多漂亮的辞藻，反复强调这一轮是"发展回合"，其实都是虚的。就发达国家而言，凡是它的强项，纪律就定得很严。而凡是它的弱项，如纺织品、农业，它就没有那么严的纪律。这些双重标准让发展中国家觉得这个组织不是为它们说话的。中国呢，又亲身经历了这些。在中国"入世"时，发达国家，尤其是美国强加在我们头上的这些东西，这里面包括"三个不利条款"、过渡性审议等一些歧视性条款。所以，我们加入时心理压力是很大。你想想，我按着这个承诺实施就已经不错了，你还让我在这个承诺上面再自主降税、再搞新一轮的承诺，这是很难做到的。

所以，我们"入世"后最关心的就是新成员的待遇问题。关于新成员待遇，我们在前两三年的谈判中几乎是一根筋：一谈到这个问题就说我们应该获得新成员待遇。现在，我们检讨起来，这种做法有点不大有助于我们提高软实力、占领道义制高点。只讲新成员待遇，响应你的人就不多，只有那些新成员才会响应你。可是，新成员又有几个呢？没有几个。我们在大会发言中对其他发展中国家的利益照顾不够。最不发达国家（LDC）等弱小经济体都有自己的要求，所以，我们得去呼应人家。你不去呼应人家，人家也不会来呼应你。你不能只考虑自己的利益，你还得考虑人家的利益。所以，过了两三年，我们认识到：这样做不行，中国作为一大国，谈判的时候不能光谈你的新成员待遇问题。所以，我们以后的每次发言都必须要谈到最不发达国家的棉花问题。一些弱小经济体的合理诉求，我们都毫无保留地支持。

你支持它了以后，它对你的新成员待遇要求也就支持了。最终，在农业问题的主席案文里，我们的新成员待遇要求基本上都得到了反映。

再回到发展中国家的问题。刚才我提到，我们要站在发展中国家这一边，这是原则。我那次请巴舍夫斯基大使吃饭时，她讲过一个故事。她说："不要着急站到哪一边去；发展中国家的利益也并不必然是一致的"。比如有一次，巴西和阿根廷两国的代表在开会前的晚上就已经商量好了立场，两人入场时还是手拉手，结果一发言，两人的观点完全不一样。的确，发展中国家之间也有很多矛盾。最典型的矛盾存在于纺织品和服装贸易方面。根据《纺织品和服装协定》，各成员必须在 2005 年取消纺织品和服装贸易的配额措施。而配额取消的最大受益者是中国。配额取消了，中国的竞争能力又这么强，在美国、欧盟的市场份额大增，这时，很多发展中国家的纺织品出口商的反应就很强烈了，尤其是土耳其、墨西哥、斯里兰卡和孟加拉国等国家。所以，它们在 WTO 的货物贸易理事会上就提出：要把纺织品问题作为一个单独的部门进行评估，评估以后再看怎么解决这个问题。这实际上想搞一个所谓的工作计划，继续对纺织品和服装实行配额措施，我们是不同意这样的做法的。我们的观点是：纺织品问题已经成为过去，它已经回归到货物贸易中了，全面接受货物贸易规则的规制；在货物贸易中，纺织品只是一个部门，除此之外还有钢铁、汽车之类；货物贸易涉及的部门多了，为什么要单独搞一个纺织品规则呢？这在历史上就是因为纺织品是发达国家的弱项，所以就得保护它。而现在纺织品和服装贸易回归 GATT 以后，就不能再搞这些部门单独的规则了。这个原则我们是一直坚持的。而且，我们和印度、巴西这些主要的发展中国家的立场是一致的。所以，在发展中国家中就形成了两个集团。在这种情况下我们没有退路，只能采取比较坚决的立场。我们和土耳其的关系有一段时间比较紧张，但是在农产品谈判中，土耳其和我们的利益是一致的，我们在 G33 里合作十分紧密。实际上，在纺织品和服装贸易问题上，配额制度被取消后的两三年时间里，土耳其、孟加拉等国的确是受到了一定的影响，但是，这些影响不像它们想象的那么大，特别是美国和欧盟重新与我国谈判，我们考虑到其他发展中国家的困难做了一些让步，对我们的纺织品和服装出口限制又增加了几年，分别到 2007 年和 2008 年才取消。

总体上说，对发展中国家而言，还是要求同存异。原则和立场应该是一致的，但是，我们还得看到更大的利益，要看到我们有很多共同的方面。我们跟阿根廷和印度之间，它们对我们的出口产品反倾销也很多，但这并未影响到我们在谈判中的立场。在谈判中，我们都是抱团的，维护发展中国家利益的。但是，对于它们这些诸如反倾销之类的措施，我们实际上也是作出了回应的，即你反我，我也会回应你一下。但是，我不把这些东西带入 WTO 里面去吵，我们应当在下面做工作，在双边关系中做工作，给它晓以利害，同时要使它认识到，我们在谈判当中有很多的共同利益，这些共同利益是大于那些分歧的。

在这里，我想说说日内瓦大使之间的一种文化。有句话说：你几乎能和任何一个大使找出共同点来，同时也能找出不少分歧。所以，如果你觉得你跟谁有分歧就不能说话了，你就没法儿在日内瓦当大使。也就是说，大使之间立场可以有不同，但是一定要保持畅通的沟通渠道。包括我们跟美国和欧盟，从个人关系来说，都是朋友，但是立场是不同的。这一点挺有意思的。实际上，你的立场是代表着国家的利益，但是从个人关系说，还是要保持良好的沟通渠道。

日内瓦倥偬岁月——中国常驻WTO代表团首任大使孙振宇口述实录

　　总而言之，日内瓦的情况是很复杂的。我再举几个例子，我们刚刚"入世"时，发达国家已经有它们的组织了。比如，有一个组织叫dirty dozen，即"肮脏的十二国"，其实就是G12。这些发达国家之间每周都会碰面，通过早餐会或者午餐会的形式。而这之中，双边的磋商、探讨是很多的。发达国家内部也有很多的矛盾。美国告欧盟的案子最多了。美国和日本之间也是有矛盾的。但是，它们之间也在相互协调各自的立场。实际上，在我刚去日内瓦时，发展中成员的立场也是不一样的。比如，在多哈回合的农业问题上，我们和印度的态度是保守的，巴西和阿根廷则是进攻的，因为它们是农业的最大出口国，而我们是最大的进口国，所以我们的观点是不一样的。"凯恩斯集团"是澳大利亚牵头的。有一些发展中国家，包括巴西、阿根廷、泰国，它们都是"凯恩斯集团"成员。另外还有一个叫G10，主要是日本、瑞士这些农业进口国，它们与"凯恩斯集团"是争锋相对的，在农业问题上是坚决不开放的。欧盟其实是支持它们的。美国是同情"凯恩斯集团"的，是进攻性的。所以，这里面的关系错综复杂。当时，发展中国家有一个集团叫LMG（like-minded group）。该集团是由印度牵头的，对多哈回合的所有议题进行协调。它也拉中国进去。"凯恩斯集团"也想拉中国进去，但一开始我们两边都没有加入。在2003年坎昆会议之前最关键的时候，美欧在农业问题上先达成了一个协议。通过双方妥协，照顾对方的一些利益，它们搞了一个共同的paper（文件），美国同意欧盟市场准入可以少做点，然后美国这方面搞一个新的蓝箱解决美国的关注。这时候，巴西着急了。巴西和阿根廷找到了印度和南非，又找到了我们，共同成立了G20。我们的G20是发展中国家农业谈判的一个集团。这是一个转折点，从此以后我们更多地和发展中国家协调立场。在该集团内，中国和印度是一方，巴西和阿根廷是一方。我们之间先进行内部谈判，互相照顾对方的利益，进行一定的妥协，然后形成 G20 的一个总的观点。这是一条中间道路，最后反映到主席文件里头的内容很多就是 G20 的观点。也就是说，我们在谈判中占据了非常重要的地位。农业谈判的主席文件吸取了很多 G20 的东西。我们和发达国家之间也是有合作的，尤其是在知识产权的地理标志（GI）问题上，即 GI 的扩大和《生物多样性公约》（CBD）问题，瑞士、欧盟、印度、巴西和中国我们五家在互相妥协的基础上搞了一个共同的立场，后来我们叫 W52，即 52 个国家。很多发展中国家都参加了该集团，一直到现在，W52 仍存在着，但是内部矛盾现在已经显露出来了，如果处理不好，到最后谈判的关键时刻也可能会破裂。所以，我们和发达国家也是会进行合作的。

在多边谈判中，你得有两手准备。多边谈判并不是说你拿着稿子，到大会上一念就完了。不是这样的，而是要在会前做很多工作，要进行私下的沟通。会后，你还得找他们。比如，我在会上和他观点不同，甚至吵了一架，不是说会后我就不理睬他了，而是得跟他谈谈我为什么这么做。所以，会后还会有很多的工作。我们在会上谈的东西是代表国家的立场，但是，我们私下应当保持很好的沟通，交流各自的想法。另外，前期的工作也很重要。在前期协调时，你应当把自己的立场说出来，事先给人家一点心理准备。你不能在前期协调时说同意他的观点，但是到了大会上又是另外一种观点。这样，你个人的 credibility（信用）会受到很大的影响。就是说，别人是会尊重你的一贯立场的。即使你的立场和他不同，他也会尊重你的，因为他知道这代表的是你背后的国家的立场，他会理解的。但关键的一点是：我们得讲究立场的一贯性，并且在这立场后面你有你的道理在里面。

关于新回合谈判

我们对 WTO 的认识和态度，经历了一个很大的改变。按照我们以前的理解，WTO 的前身 GATT 就是"富人俱乐部"，是发达国家把持的一个国际组织。GATT 的产生实际上是在经历了第二次世界大战之后，为了维护世界和平，各国决定成立三个国际组织，即世界银行、国际货币基金组织和国际贸易组织（International Trade Organization）。后来，由于美国国会没有批准《哈瓦那宪章》，导致"国际贸易组织"未能成立，只留下了 GATT，以一个协定方式存在，各成员称为"缔约方"。

总体看呢，从 GATT 发展到 WTO，很多基本原则还是比较好的。比如，WTO 要求其成员的外贸政策应该统一和透明。也就是说，涉及到对外贸易的政策法规，应该提前公布。甚至在制定外贸法规的时候就应该透明，例如，让企业和利益相关者能够了解立法动态，听取他们的意见，之后再制定政策和法律。制定的政策和法律应该是公平的、非歧视的，应该给予最惠国待遇、国民待遇，也就是让大家享受公平的待遇。除此之外，为了促进对外贸易的发展，应该不断减少关税和非关税壁垒。根据 GATT 的宗旨，关税应该成为调整对外贸易的唯一合法的手段，其他措施都不应该使用，例如进出口配额措施、进出口许可证措施，等等，这些都是不合法的。所以，WTO 的基本原则是很不错的。

可是呢，后来的情况证明，这些原则在具体实施过程中就走样了。因为这些原则都是美欧国家的国内法中转化到 WTO 中来的，由于是欧美国家主导了 WTO 规则的制定，因此，当制定规则或者出现理解上的分歧时，就总是将这些原则朝着有利于他们自己的方向去制定或者去解释。例如，在欧美具有很强竞争力的领域，比如制成品等领域，WTO要求的纪律就比较苛刻。但是，在竞争力比较差的领域，比如农产品、纺织品领域，就不制定那么严格的纪律了，这就出现灰色区域了。最终的结果是，在制成品领域，WTO对补贴有严格的纪律并且不能采取配额措施。但在农产品领域，就可以给补贴，并创造了黄箱补贴、蓝箱补贴和绿箱补贴机制，这实际上就是把补贴合法化了。在纺织品领域也是一样，允许采取配额措施，同时保留高关税。

所以呢，在乌拉圭回合谈判结束之后，发展中国家越来越觉得他们吃亏了。因为乌拉圭回合谈判的结果是，WTO规则越来越有利于发达国家，对发展中国家则越来越不利了。乌拉圭回合达成的协定延伸到了发达国家具有很强竞争力的领域，比如知识产权、服务贸易、与贸易有关的投资等领域。而在这些领域，发展中国家的竞争力很弱。因此，发展中国家也就没有动力继续履行上述协定。这也就是为什么在西雅图部长级会议前后，反全球化的势力会这么大。实际上，这在很大程度上是因为发展中国家觉得不能再这么下去了。发展中国家认为，要想启动多哈回合谈判，就必须先要纠正乌拉圭回合造成的不平衡结果，必须在知识产权、服务贸易、与贸易有关的投资等几个对发展中国家不利的领域给出一个说法，然后才能进行下一轮的谈判。所以，多哈回合实际上在一开始就是先天不足的。也就是说，在它一开始启动的时候，就受到了广大发展中国家的强烈抵制。

导致西雅图部长级会议失败的原因除了以上因素之外，就是发达国家要求把环境保护和劳工标准纳入多哈回合谈判之中。在这种呼声中，美国工会的鼓动作用是很强大的，美国和欧盟绿色环保组织也极力主张上述议题。这些民间组织强烈要求在WTO中制定上述方面的新规则，否则，发达国家就会在世界贸易中处在不利的地位。但是，如果这环境保护和劳工标准这两项标准加进来，发展中国家就更不愿意了。因此也导致了西雅图部长级会议谈判的破裂，这次部长级会议没有达成任何协议。所以，多哈回合谈判之所以举步维艰，与它的启动背景有着直接联系。

在2001年于卡塔尔首都多哈召开的部长会议上，各成员议定的目标就是完成西雅图部长级会议所没有完成的议题，也就是启动新一轮谈判。由于当时刚刚发生"9·11"恐怖袭击事件，美国获得了国际社会的普遍同情。于是，美国就抓住这个契机，提出为了防止恐怖主义的滋生，需要展开新一轮谈判，以推动国际贸易的发展。美国特别强调，此次回合的谈判应该注重发展问题，因为只有通过贸易、促进发展，才能在全球范围内根除恐怖主义。为了启动新一轮回合谈判，美国做了大量的说服工作，派出了很多个代表团和民间团体去世界各个国家游说，请求各国支持启动新一轮谈判。因此，在多哈部长级会议上，各成员争论的焦点就是，是否立即启动新一轮谈判？但是，一些发展中国家要求，必须先扭转乌拉圭回合造成的对发展中国家的不平衡现象。同时，发展中国家对于环境保护和劳工标准纳入谈判范围也给予坚决的抵制。

在发展中国家中，印度反对新一轮回合的态度是最为强硬的。当时，印度实际上是发展中国家的领袖，印度的商务部长坚决不同意启动新一轮谈判。到最后，发达国家就开始围攻印度的商务部长，有的还连夜给印度总理打电话施加压力，以至于印度商务部部长心脏病发作。在当时，发达国家有点儿把印度给孤立起来了。当然了，发达成员到最后还是满足了印度提出的一些要求。除了反对将环境保护问题纳入新一轮回合谈判之外，印度还反对新加坡议题。也就是说，印度反对在新一轮谈判中纳入投资问题、竞争政策问题、政府采购的透明度问题以及贸易便利化这四项内容。其他发展中国家也反对上述议题。所以，多哈部长级会议的最后文件在措辞上是非常含糊的。关于新加坡议题的谈判，必须要等下一轮部长级会议召开时再研究是否启动。同时，启动该议题必须是要"Explicit Consensus"，即每个成员都得明确表示同意，每个成员的代表必须都说"我同意"，才能继续启动新加坡议题。劳工标准问题最终也未能纳入谈判范围。在环境问题上，多哈部长级会议的最后文件也只认可一些环境产品可以进入发展议程。所以，正是由于多哈部长级会议的最后文件在措辞上做出了一些妥协，它才在会议的最后一刻得以通过。当然，在多哈部长级会议期间，发展中国家实际上一直在强调协定的执行问题，即必须解决以前遗留下来的在执行协定方面存在的问题。

多哈部长级会议的另外一个特点是强调"发展"问题。因此，这一轮谈判也被称作"发展回合"。这实际上就是为了解决发展中国家所关心的问题。但是等真正启动了多哈回合谈判以后，"发展"的主题就越来越被淡化了。"发展"成了一个幌子，只是口头上强调"发展"问题，应该对发展中国家给予特殊和差别待遇。但是实际上呢，美国人还是强调他的市场准入目标，强调让别的国家对美国开放市场。这个意图，我们现在越来越看得清楚了。

多哈回合谈判的另一个核心问题，就是解决农业问题，尤其是农业补贴的问题。其实，美国和欧盟一直把农业补贴问题当成一个灰色区域，不赞成GATT制定那么严格的纪律。第二次世界大战之后，欧盟经历了食品短缺危机，他们意识到，农业不发展，事情很难办，所以，欧盟开始将财政预算的一半都是用来给农业产业以补贴。在美国，虽然农民的数量很少，但农民的政治力量是很强的。由于农民的政治声音很大，美国也就支持了欧盟的意见，对农业补贴问题没有强调要制定很严格的纪律。但是到后来，欧盟的农业补贴越来越多，对美国的农产品出口都产生了威胁。本来按照欧盟的农业竞争能力来说，不大可能有大规模的农产品出口，但是由于欧盟给予大量的补贴，使得欧盟的农产品大量出口，所以，美国也就在农产品的态度上靠向了"凯恩斯集团"。"凯恩斯集团"以澳大利亚、巴西、阿根廷等农业出口国为代表，他们强烈要求对欧盟的农业补贴做法加以限制，要求减少农业补贴。这也就是为什么在多哈回合谈判中，农业问题成为矛盾焦点的原因。

发展中国家对农业问题也是很关心的。发展中国家的发展首先是靠农业，因为他们没有什么世界级的大公司和大工业，不少国家靠着出口点儿农产品赚取外汇收入。而欧盟通过给予大量补贴促进农产品出口，使它不仅占据了农产品的国际市场，更占据了发展中国家的国内市场，所以，这些发展中国家的农产品出口面临了很大的困难。有数据显示，OECD国家对农产品每年给予农业的补贴是3600亿美元，相当于每天就给10亿美元的补贴。发展中国家认为这种做法是不行的，尤其是以阿根廷、巴西等以农产品出口为主的国家，他们特别强调农业补贴问题必须在多哈回合中首先予以解决，因为它的确关系到广大发展中国家的利益。

在农业方面，除了补贴之外，高关税也是突出问题，因为发达国家对于农产品的征收的进口关税还是很高的。发达国家的工业产品经过GATT八轮回合的谈判，已经从30%~40%降到了3%~4%的水平。但是，农产品的进口关税还是维持在比较高的水平，全球平均农产品的约束关税达到62%。这对广大的发展中国家的农产品出口产生了很大的不利影响，因此，发展中国家强烈要求削减农业关税。

在多哈回合谈判中，发达国家还力推非农产品的谈判，也就是制成品的谈判。甚至在谈判一开始，美国就提出将所有工业产品的关税降到零。对于这种非常激进的建议，发展中国家非常反对。认为你美国从目前的3%~4%的关税税率降到零，而却要我们发展中国家从现在的28%~30%的进口关税税率降到零，这么大的降税幅度，太不公平了。在非农谈判中，关税减让的一条原则就是非互惠减让。所谓非互惠减让，就是让发达国家减的更多，发展中国家减的相对少些，不能要求发展中国家的关税减让幅度超过发达国家，这是一条硬性标准。但是，美国和欧盟将这一原则扔在了一边，一味地要求发展中国家大幅度的降低关税。由于对降税问题争议很大，经过协商，最后采用了瑞士公式。通过瑞士公式的计算，约束关税越高，降税的幅度就越大。约束关税越低，降税的幅度就越少。但是，为了平衡发展中国家和发达国家的利益，该公式采用了两个系数。发达国家用8的系数，发展中国家用20、22或者26。也就是说，发展中国家在系数上有三种选择。但是，如果选择比较高的系数，灵活度就很小，一部分可以免检的商品范围就小些。实际上，通过采用瑞士公式，发展中国家削减的关税水平还是比较多的，发展中国家削减关税的幅度平均在60%左右，而发达国家削减关税的幅度平均在40%左右。

多哈回合谈判也涉及到了服务贸易问题。这也是一个比较敏感的议题，因为就服务贸易本身而言，各个成员的承诺是在自愿的基础上做出的。各个国家开放到什么程度，要根据其国情而定。尤其是发展中国家，它可以自主选择，有的行业可以开放的多一些，有些行业可以开放的少一些。从类别上看，服务部门共有160个分部门，大的部门如金融、保险、电信、证券、旅游和法律服务等，每一个部门下还有很多分部门。在这160个分部门里，发达国家承诺开放的部门大概

认识

在 110 个到 120 个左右，发展中国家承诺开放的部门大概在 30 个到 40 个左右。也就是说，发展中国家承诺开放的服务部门比较少。因为从竞争水平上来说，发展中国家没有办法和发达国家相比。发达国家拥有大银行、大保险公司、大电信公司，这些服务部门全部都控制在发达国家手里，发达国家开放这些部门对他们没有什么不利影响。可是，如果发展中国家开放这些部门，国内的这些领域就会被发达国家所控制，所以，发展中国家在服务贸易上的谈判警惕性还是很高的。发达国家在多哈回合谈判中向发展中国家施加了很大的压力，想迫使发展中国家尽可能多的承诺开放更多的服务部门，以便发达国家可以进入发展中国家的服务市场。当然，事实上，很多发展中国家在服务领域的实际开放水平要比其承诺开放的水平高一些。比如，印度在金融、保险等很多领域开放的程度就比较高。所以，欧美国家提出一条要求，就是 WTO 成员必须把实际的开放水平约束住，已经开放的领域和开放幅度要列在减让表里。但是，印度和很多发展中国家坚决不同意这样做，因为如果约束到现有水平，将来就没有任何政策灵活的空间了。所以，在多哈回合的服务贸易谈判中，WTO 成员的斗争还是很激烈的。

多哈回合谈判还有一个重要的议题就是规则谈判。在规则谈判中，很多国家对美国长期使用的反倾销归零计算方法意见很大。美国在计算倾销幅度的时候，采用自己的计算方式。比如，在你向美国出口的所有货物中，可能有几笔货物的出口价格低于正常价值，也有几笔货物的出口价格高于正常价值，但是，美国并不是将高于正常价值的部分和低于正常价值的部分加起来计算倾销幅度，而是将高于正常价格的部分都归为零，只计算低于正常价值的部分，以此为基础认定倾销幅度，就自然将反倾销税提得很高。如果美国将那些高于正常价值的部分计算进来一起算的话，可能只能征收10%到20%的反倾销税。但是，在将高出正常价值的部分归零以后，就将高出正常价值的部分都给排除了，只计算低于正常价值的部分就会使得反倾销税升到50%到100%的程度。这种计算方法其实是一种贸易保护的做法。针对美国的这种做法，很多国家都将其告到WTO。虽然美国在这方面有很多案件败诉了，但美国并不服气，美国认为，他们的做法是对的。尽管WTO上诉机构判定美国的做法是违反WTO规则的，但是，美国认为，WTO并没有这样一条规范归零问题的规则。在没有明确规则的前提下，WTO争端解决机构根据自己的理解就判定美国的做法违法，这是美国不能接受的。因此，美国国会对WTO关于归零做法的裁决反应是非常大的。所以，在最初启动多哈回合谈判的时候，美国国会对于反倾销中的归零问题是非常敏感的，根本就不许新一轮回合就反倾销归零问题进行谈判。但是，在各方成员的压力之下，美国也只好接受就归零问题进行谈判的建议。目前，在多哈回合的规则谈判中，归零问题成为一个非常重要的议题。以欧盟、澳大利亚、智利为首的成员方提出禁止归零的建议，发展中国家对此也给予积极的支持。所以，美国在归零问题上是非常孤立的。

规则谈判的另一主要问题就是反补贴问题。总体来说，反补贴的规则没有像反倾销那么细，因此，如何将反倾销中的某些规则移植到反补贴规则里来是一个很人的问题。另外，美国还把目标对准了中国，将国有银行和国有企业的行为认定为补贴行为，其核心目标就是在美国进行反补贴调查的时候，能够将涉及中国国有企业的反补贴案件裁定征收更高的反补贴税。所以，反补贴规则的谈判也是一场很激烈的斗争。

新加坡议题总共有四个方面，在坎昆部长级会议的时候，由于发展中国家的一致反对，欧盟放弃了对投资问题、政府采购的透明度问题、竞争政策的谈判要求，这样就只留下一个贸易便利化的议题。

其他几个议题就相对的简单一些，包括如何改善争端解决机制问题、环境产品问题、渔业补贴问题。不过在最近，这几个问题的争论也很激烈。

首先是环境产品问题，对于"环境产品"的含义，目前还未能达成一致。总的来说，发达国家主张将环境产品的定义给予宽泛解释，范围越大越好。同时，将来要把环境产品的关税降下来，降到很低，甚至是降到零。发展中国家则主张，环境产品的范围越窄越好，这样做可以防止发达国家把环境产品作为非农谈判的另外一个部门要求进行减让。如果环境产品包括的范围很多的话，则意味着要把这些产品的关税降的很低，这会冲击发展中国家的国内市场。所以，有成员提出建议，即建立一个核心清单，只有纯粹用在环保上的产品才算环境产品，比如，太阳能电池、风能等节能减排的产品。对于其他产品是否属于环境产品，可以通过出价和要价的形式由各成员自己决定。此外，还可以由各成员自愿选择一些方式来决定某些产品是否为环境产品，但是，这些方式还没能最后确定下来。例如，在谈判中，巴西特别强调，必须将乙醇视为环境产品，但是，发达国家并不认可。由于美国对乙醇征收的关税很高，巴西的上述主张实际上是针对美国的作法提出的，巴西希望美国把乙醇关税降低，最好是降到零，这样就有利于巴西向美国出口乙醇。但是，美国、欧盟等提出来，乙醇不能视为是环境产品，因为虽然从使用角度而言乙醇是清洁能源产品，但是，在乙醇的制造过程中会消耗大量的其他能源，造成很大的环境污染和环境危害。因此，乙醇不能视为是环境产品。可见，WTO成员在乙醇是否是环境产品的问题上争议是很大的。

关于渔业补贴，澳大利亚、新西兰、智利等国家要求对于欧盟、韩国、日本这些渔业补贴大户加严补贴纪律。欧盟、韩国、日本对于这种指责采取了转移斗争大方向的做法，提出如果要求对渔业补贴采取更加严格的纪律，就必须先对中国、巴西、印度这些的发展中国家加强补贴纪律。目前，中国已经是渔业捕捞大国，捕鱼量在世界上居于首位，同时给予渔业的补贴量也不少。在渔业补贴方面，各成员对远洋捕捞的补贴争议非常大。发达国家坚持，原则上应该禁止远洋捕捞的补贴，因为远洋捕捞涉及到公海捕捞，发展中国家和发达国家不应该给予补贴。但是，中国、巴西和印度等认为，在远洋捕捞方面，发展中国家应该享受一些优惠待遇，发达国家则不能享受这些优惠。因为这涉及到一个历史的问题，就是远洋海域到底是谁的地盘？长久以来，发达国家一直都进行远洋捕捞，远洋都快成为了发达国家的后海了。可是，发展中国家到现在才刚刚发展渔业产业，发达国家就要限制发展中国家给予补贴，而如果发展中国家不给予补贴，渔船就根本到不了远洋海域，这就剥夺了发展中国家到远洋捕捞的权利。所以，巴西、中国、印度等发展中国家强烈反对禁止给予远洋捕捞以补贴。但是，反对这一观点的成员方并不认可这种说法，他们要求所有的WTO成员都严格自己的补贴纪律。欧盟、日本这样的防守一方就一直要求先对中国、印度和巴西的渔业补贴加强限制。从多哈回合启动全今，渔业补贴方面的争论仍然非常激烈，到现在也没有达成一致。

关于多哈回合谈判，我主要谈了两个方面的问题：一是现在的谈判状况，也就是各方的矛盾和立场；另一个就是谈判陷入僵局的原因，也就是发达国家和发展中国家的矛盾太深了，以至于谈判进展很慢，对于谈判陷入僵局的原因，有人指责中国、印度，也有人指责美国，实际上，所有参加多哈国合法谈判的成员心里都明白，谈判陷于僵局的根本原因在于美国。现在，美国人指责中国说，中国是最大的发展中国家，是 WTO 的最大受益国，所以，中国应该做出更大的贡献。但是，看看中国在整个多哈回合中发挥的作用，甚至回顾一下中国加入 WTO 的历史，你就会发现，中国在削减关税、履行承诺方面已经做出了很大的努力和牺牲。我们承诺的关税水平相对于其他一些发展中国家来说，已经低了很多了。比如，在农产品方面，全球农产品的平均关税是 62%，我们中国承诺了 15.3%，并且约束在同一水平，中国在农产品方面的关税已经比欧盟、日本、加拿大等发达国家的农产品关税都低。现在，美国还要在农产品方面继续给中国以压力，要求中国承诺不要有特殊性、不要有灵活性，这是没有任何道理的。在过去的谈判中，中国农产品关税已经大大低于发达国家的水平了，在这个基础上我们又进一步减让，承诺消减 20%~25% 左右。而且，我们的削减是没有水分的，其他很多国家的削减都是在约束关税基础上的削减，中国的约束关税和实施关税是一个，这个贡献是很大的。当然，我们作为 WTO 的新成员，具有一定的灵活性，有 11% 的特殊产品可以少减或免减，其中的 5% 可以免减。现在，美国人就说，由于中国得到了这么大的好处，所以，中国在农业方面不应该和其他发展中国家一样对待。美国这种说法不顾历史，是没有道理的。又比如，在非农产品方面，中国的关税水平已经降到了 9%，发展中国家的平均约束关税是 28.5%。经过多哈回合谈判，我们在 9% 的基础上还得再降 30%，即降到 6%。但是，美国认为，这还是不够，中国还得参加部门减让，这是中美之间目前存在的最大分歧。美国在非农产品方面推出部门减让建议，实际上就是在他有竞争力的一些部门如化工、电器、机械等部门提出减让要求，要求其他国家也都要参加到减让中来，即发达国家把关税降到零，发展中国家可以降到 X，所谓的 X 又很接近零，如 2% 或 3%。正因为如此，美国提出的部门减让要求受到了巴西、印度、中国等很多发展中国家的抵制。在香港部长级会议上，各成员方已经达成明确的一致，即部门减让应该是自愿的，各成员可以参加，也可以不参加。但是，美国强调，WTO 的主要成员必须参加，只有这样才能使得参加减让的贸易量达到 80% 到 90% 的水平。中国在很多部门中的贸易量已经达到了 10% 或者更高比例，如果中国不参加部门减让，其他成员就达不成占全球贸易 90% 的目标，所以，美国认为，中国必须参加部门减让。那么，这里就存在着一个悖论：中国的贸易量如此之大，如果中国不参加部门减让的话，部门减让就无法完成。但是，对于中国来说，各成员的部门减让都是自愿的，为什么就非要中国参加？对此，中国一贯的立场是：部门减让是可以谈的，但是，参加与否由中国自主选择。目前，该问题仍然未能得到解决。而且，中国也强调，在发达国家有很强竞争力的部门非要中国参加减让，那中国有很强竞争力的部门例如纺织品、服装、鞋帽等领域，发达国家为什么就不参与部门减让了呢？实际上，发达国家在这些部门的关税都很高，但给予最不发达国家的待遇是零关税。也就是说，最不发达国家对发达国家的出口和其他发展中国家的出口相比较就占了优势。但是，如果把这些领域包括在部门减让的范围之内，将发达国家关税都降到零，最不发达国家以前获得的优惠待遇就会被侵蚀掉。所以，从发达国家享受到优惠的最不发达国家一致反对将这些产品包括在部门减让的范围内。如果中国坚持要将这些产品纳入部门减让的范围，就会站在这些最不发达国家的对立面。这使中国处于两难境地。

　　到目前为止，各成员根据多哈部长级会议的授权已经就农业和非农产品的谈判达成了一个大体上的框架。在农产品方面，主席案文中对农产品的补贴和减让问题有了一个基本框架。在我们的商务部部长陈德铭于 2008 年 7 月参加的 WTO 谈判中，如果不是各成员在部门减让和农业特殊保障机制这两个问题上存在严重的分歧，这次会议就能够达成一个基本协议了。在此次谈判破裂之后，大家认为，是可以按照目前的框架进行进一步的谈判的，只要把部门减让和农业特殊保障机制这两个问题解决就行了。但是，由于美国政府后来发生了换届，共和党下台，民主党的奥巴马上台了，所以，美国对原来的协议框架不太认可。虽然从表面上看，美国政府没有直接表示不接受这些共识，但是，它的实际做法已经表明，美国是不承认以前达成的谈判框架的。

目前各成员形成共识的这个框架包括下面的内容：首先，在农业补贴方面，欧盟承诺削减 80%，美国承诺削减 70%。为了照顾美国的利益，还设立了一个新的蓝箱机制，赋予美国一定的灵活性。在农产品关税方面，发达国家承诺最低削减 54%，发展中国家承诺最高削减 36%。同时，发达国家和发展中国家都具有关税削减的灵活性。发达国家可以从中选出大约 4% 的产品作为敏感产品，这类产品关税可以少减，但是，要扩大其关税配额作为补偿。关税配额是指在一定数量之内可以享受低关税待遇，但超过这个数量，就要征收高关税了。发展中国家的灵活性是指发展中国家可以对大约百分之十几的特殊产品少减、减半，甚至有 5% 的特殊产品可以免减。

农产品的特殊保障机制是指一旦发展中国家从国外的农产品进口突然大增，就可以采取相关措施，比如，临时性地提高关税、使用配额措施限制进口等。实践中，各成员基本上采用增加关税的做法。美国以及其他一些发展中国家的出口方一致反对设立农产品的特殊保障机制。它们认为，在没有特殊保障机制的情况下，它们的出口还有所保障，但是，如果有了特殊保障机制，它们的出口条件可能比以前更差，本来就是关税稍高一点，现在，出口增加了，发展中国家就有可能利用特殊保障机制又把关税给提高了，甚至比以前更高，这就有可能使得他们的出口没有确定性。支持设立农产品特殊保障机制的国家指出，因为发达国家目前给予大量的补贴，且该补贴可能十年以后才能降下来，因此，如果发展中国家降低关税后进口出了问题，就必须要有保障措施机制，因为这涉及到农民的生计问题。到目前为止，对这一问题的争论尚未停止。

在非农方面，采用瑞士公式削减关税，发达成员系数为8，发展中成员分别为20，22或26，由成员自己选择，系数越高，享受免减或减半的灵活性越小，在公式削减之外，在自愿基础上，对部门减让做出安排。

在服务贸易领域，在双边讨价还价的基础上进行。另外在规则、争端解决、环境产品、渔业补贴、发展问题等都有一些共识，但是在雄心水平上各方差距很大，距离达成"一揽子协议"仍相距甚远。

在目前的情况下，各成员方怎样做才能走出这个僵局呢？我觉得，从根本上说，这已经不是一个技术问题了，而是一个政治问题。首先，在美国的民主党上台后，奥巴马总统就没有将贸易问题作为一个主要问题，到现在连一个关于对外贸易的总体政策都没有。奥巴马政府的着力点主要是在两场战争、恢复经济、创造就业、出口翻番等问题上。此外，美国国内马上就要面临总统大选了，奥巴马的工作重点又开始转移到了选举上。事实上，在民主党内部，反对贸易自由化的人占了主导地位，他们主要是工会人员，担心贸易发展过快有可能导致很多的就业流向国外。另外，也有相当一部分美国人对劳工标准和环境问题非常关注，他们给了美国政府一定的压力，美国不得不在谈判中关注这些问题。目前，美国国内的各种政治势力很难求得平衡。如果要在多哈回合中达成协议，就必须要使美国获得更多的实惠。所以，美国将多哈回合谈判看作是美国扩大出口的机会，谈判的目标就是要求发展中国家更多地开放国内市场，在没有达到这个目的之前，美国是不愿意考虑其他问题的。因此，美国的谈判策略就是一味提高要价，而不管过去达成了什么共识，因为美国认为，没有签字就意味着没有达成最终协议。当然，美国也说不会把以前达成的共识全部推翻，美国主张在原来共识的基础上作出实质性的改进，尤其是中国、印度、巴西应该进一步开放国内市场。总之，从政治上来说，美国没有推动多哈回合谈判的动力，前景可能是比较灰暗的。

从我上面谈的多哈回合谈判的情况看，大家可能要问，在各成员进行谈判时，WTO秘书处对谈判起到了什么作用？要解释这个问题，还有回顾一下WTO规则。WTO谈判的体制是这样的：WTO成立了很多谈判委员会，如农产品谈判委员会、非农谈判委员会、服务谈判委员会等。这些委员会都设有主席，主席由各个WTO成员驻日内瓦的大使担任。谈判委员会之上还有一个总的谈判委员会，这个谈判委员会的主席就是WTO现任总干事拉米（Lamy），他是整个多哈回合谈判的总负责人，他要向总理事会汇报。其实，谈判委员会在开会时，参加会议的人员与总理事会是一样的，只不过是由拉米来主持会议。拉米作为总的谈判委员会的主席，他只能起中立的作用，不代表任何WTO成员。所以，WTO这个国际组织是由各个成员驱动的，即整个谈判的结果需要所有成员的一致同意，有统一意见才能通过，而不是通过投票。在所有问题上，只有所有成员都一致同意了，才算有了结果。所以，拉米的作用只是敲边鼓，只能在旁边促进一下谈判进展。另外，他可以把各个谈判委员会的主席召集过来，做一下协调工作，看看下一阶段的工作主要做些什么，在日程上、形式上要做哪些工作。当然，拉米的最大作用在于，他对整个多哈回合谈判的全局要有所掌握，对于每个成员的立场尤其是主要成员的立场，必须心中有数。然后再根据谈判的总体情况，到关键的时候，特别是小型部长会议要召开时推动一下，拿出他自己的一个案文。案文往往是很简单的几条原则，涉及他认为各个主要成员可能会做出妥协的地方。在2008年7月于日内瓦举行的谈判中，拉米就提出了这样一个案文。该案文是在各个谈判委员会的主席案文、各个成员反复通过书面和口头形式表达自己立场的基础上，根据拉米自己的理解草拟的，即哪个方案最接近各成员最有可能接受的结果就纳入这样的方案。这是很不容易的，因为谈判涉及那么多的议题，这其中有进攻方的利益，也有防守方的利益；有些方面要放弃一些，有些方面要得到一些，最后才能达成一致。所以，如何才能形成 consensus（一致同意），这是很费心机的，也是很有意思的。以前的做法是，每次召开部长级会议都要一连开好多天，开得各成员方的部长们晕头转向，最后只好做出妥协。前任 WTO 秘书长迈克·穆尔（Mike Moore）就曾经开玩笑说："什么是 consensus？就是 consensus by exhaustion"。也就是通过疲劳战的方式，将大家拖得筋疲力尽后就达成一致了。WTO 谈判在很多情况下是把各成员的部长召集在一块儿开会，因为正部长之间有个面子问题，而且由于正部长负责的事务繁多，主要关注重大问题，对谈判中的细节问题不需要了解很多，而且有决策权，经过施压，部长们拍板同意的可能性比较大，consensus 就形成了。这是 WTO 的谈判策略。

认
识

日
内
瓦
倥
偬
岁
月
——
中
国
常
驻
WTO
代
表
团
首
任
大
使
孙
振
宇
口
述
实
录

关于 WTO 对中国的影响

从表面上看，WTO 有很多有利于发展中国家的规定。例如，东京回合专门增加了 GATT 第四部分，即针对发展中国家的差别待遇部分。这是在发展中国家的多次强烈要求增加的。事实上，这些条款是口惠而实不至的，它们的约束性并不是很强。因此，在乌拉圭回合之后，发展中国家要求先行解决以前协定的执行问题，也就是应该先把这些条款的执行落到实处。但是，话又说过来，发展中国家在 WTO 不是没有得到任何好处。如果没有任何好处，发展中国家也就选择离开 WTO 了。

为什么发展中国家加入 WTO？既然 WTO 的有些规定这么不合理，为什么还要加入呢？总的来说，对于发展中国家而言，加入这样一个组织总比没有加入要好，因为不加入这个组织的话，你就得单独去面对美国，这样就更不好办。现在，至少有个多边体制在约束大家，争端解决机制也提供了一个说理的地方。如果不加入这个组织，依靠双边谈判解决问题，而双边谈判看重的是实力和筹码，哪个国家也没有美国那么强的经济实力，美国是超级大国，想干什么就能干什么，因此，单靠双边谈判与这样的发达国家打交道是很难有好结果的。中国在加入 WTO 之前，经历了多年的斗争才使得最惠国待遇延续下来。在以前，美国可以随时取消给予中国的最惠国待遇，随时可以运用"301 条款"或"特别 301 条款"对中国进行制裁，因为中国没有加入 WTO。WTO 本身有相当多的规则，有些规则还是合理的，例如透明度、非歧视原则等，它是有章可循的，所以中国加入 WTO 后也就有了说理的地方。因此，尽管在执行协定的过程中，特别是在制定新规则时，发达国家丰富的谈判经验使其往往通过一些谈判技巧获得有利于他们的结果，但是，很多发展中国家也不会轻易选择离开，因为离开 WTO 以后，与发达国家单打独斗就更处于劣势了。

关于中国"入世"所得到的好处，我有以下方面的体会：

首先，对中国来说，我们决定加入 WTO 与决定搞社会主义市场经济建设是紧密相关的。中国之所以加入 WTO，是由于中国内部原因，因为计划经济那一套在当时已经走不通了，必须要走社会主义市场经济道路。恰恰 WTO 要求只有市场经济国家才能成为其成员。所以，对中国来说，加入 WTO 可以推动我们的市场经济改革。在加入 WTO 的谈判中，我们作了很多的承诺，实际上就是要利用外来的压力促进国内的改革开放。从某种程度上说，这种外部压力也是好的。我觉得，WTO 中的合理因素对于我们进行经济体制改革和开放是很有好处的。中国如果要想成为一个法治国家，法制建设、制定和完善规则是很重要的，包括制定规则的过程以及最后出来的法律法规都要合理。WTO 机制是约束政府的，其规则主要是对政府有很大的约束力，这对我国的改革开放有着很大的推动作用，它也是我们今后沿着这条道路走下去的一个外部保证、一种外来的压力。实际上，通过加入 WTO，国内改了许多东西，比如，修改了二、三千部法律法规，这不是一般国家所能做到的。如果我们没有加入 WTO，光是靠自己的动力来改革，这是很难的。加入 WTO 之后，中国将自身的法律法规与国际上的法律法规接轨，与其他国家处在同一水平上，中国也就提供了一个基本的环境，即通过政府的改革和开放，让企业在一个公平、平等的环境中去开展合作与竞争，这是非常好的作法。其实，国际上对中国的评价一直是两方面的。一方面，国外经常说中国做得不够；另一方面，各国又不得不承认中国是做出了相当大的努力才有了今天这

认识

69

样的成果。我觉得，国外对中国的评价是实用主义的，一方面，他拿中国做例子，告诉其他发展中国家，"你看，中国改革开放了，成绩突出，你们也应该搞贸易自由化"。另一方面，他又指责中国做得不够，还要压中国进一步开放市场。所以，这里有一个"度"的问题，既要不断推进改革开放，又要保留一定的政策空间。

其次，中国"入世"对中国出口的增长、防止国外贸易保护主义的发生也有很明显的作用。最明显的例子就是2008年的金融危机。如果没有WTO、没有一定规则的约束，贸易保护主义就会像20世纪30年代那样抬头。如果贸易保护主义泛滥，对中国这样的出口大国而言，影响会是非常大的。

再次，中国在"入世"后采取的诸如开放市场等很多措施主要就是为一些中外企业包括民营企业、三资企业提供很大的机会，并且调动它们的积极性。中国经济的迅速发展与这些企业的积极性是紧密相关的，各类企业包括民营企业和外资企业之所以有积极性，是因为环境改善了、政府按照WTO规则办事，它们对政府就有信任感和安全感，它们就愿意进行投资与合作。因此，总体来说，通过加入WTO，我国国内的贸易环境有了很大的改善，我们的国际环境也相对地改善了。当然，下一步该怎么走是我们当前面临的一大问题。既要坚持改革开放，又要给自己预留一定的发展空间。但是，怎么留有发展空间，大家的认识并不是完全一致的。

当然，我觉得，我们应该实事求是，中国取得今天的成绩，主要是中国自身改革开放三十多年以及全国人民共同努力的成果，WTO只是该历程中的一个推动器，它起到了一定的作用，但是，如果把WTO说成是中国改革开放的唯一的动力，这是不对的。我觉得，过分夸大WTO在中国改革开放中的作用是不符合客观实际的，但是，有了

WTO，确实是有了很大的促进作用。对中国未来的发展来说，现在不仅是 WTO 起着作用，更重要的是中国还是 G20 峰会的成员。目前，世界上有很多目光聚焦在中国这样一个新兴经济体上，中国在国际上是要发挥引领作用的，这就涉及到如何提升中国的国际形象、国际地位和软实力的问题。

关于 WTO 的机构

从目前看，WTO 的正常运转主要是通过各个机构的例会监督协议的执行。但是，这种例会讨论的内容不是很多。在例会上，通常是一些成员抱怨一下，但说说也就过去了，真正解决问题还得依靠争端解决机制。所以，现在真正维护 WTO 秩序的是争端解决机制。

总体上说，争端解决机制对监督协议的实施是起了一定的作用的，而且，各成员也都很重视 WTO 争端解决裁决。但是，它的不足在于，所有的规则、法律法规等都是以前制定的，有些规则可能已经过时了，新的问题又没有规定，所以，WTO 争端解决机制并不能解决所有的问题。而且，这套机制还存在一定的风险，也就是说，什么事情都由争端解决机构的专家组、上诉机构来定，就等于由争端解决机构的专家们取代了 WTO 的立法、填补了真空，这是大家非常担心的。因此，多哈回合谈判总是谈不下来就面临着这样的风险，就是说，让 WTO 争端解决机制把各谈判机构该干的活全抢走了。所以，多哈回合的成功与否是很重要的，老谈不成的结果首先就是争端解决机构受理的案子越来越多、专家组和上诉机构日益越权，原本应该由 WTO 成员商定的规则最后成了由专家组的专家来定了。其次，多哈回合久拖不决还会导致 WTO 成员都找新路子去了，例如搞双边合作、

认

识

区域合作，等等。这是由于各成员的部长都想在其任期内有所成就，既然多哈回合谈不下来，那就找点双边的事情做。所以，大家就都把注意力和资源转到双边和区域自贸区谈判上去了。这就会使得 WTO 在世界上的影响力越来越小，慢慢就会成为可有可无（irrelevant）了。而且，自由贸易协定（FTA）、区域贸易协定（RTA）谈得多了以后，WTO 规则就会逐渐被边缘化。如何解决越来越多的区域化现象，这是 WTO 面临的一个非常棘手的问题。这也对我们提出一个挑战。中国不能只盯着多哈回合谈判而无视双边和区域合作，因为你不去进行双边或者区域谈判，人家会去做。最后，其他国家之间都互相免关税了，你的产品出口到各国就要交最高的关税，你的待遇就变成了最差的待遇了，你就受歧视了，所以，不搞双边或者区域合作，你就会被边缘化。

在 WTO 的运转过程中，秘书处起着非常重要的作用。各个谈判委员会的主席都是由各成员驻日内瓦的大使担任的，他们在担任主席之后即由秘书处配置一些人员，为其提供背景材料、素材等，告诉他以前这件事是怎么做的，目的是使谈判具有连续性。这个连续性就是由秘书处来掌握的，只不过是负责这项谈判的主席不一样。有些大使以前没有做过谈判委员会的主席，对 WTO 的工作不是很清楚，他当了主席之后只能完全听从秘书处的建议了。秘书处就影响了谈判委员会主席的立场，因为在他作总结时往往是秘书处给他提供稿子，他照着一念就是总结了。但是，也有一些担任谈判委员会主席的大使在 WTO 待了很长时间，有的大使甚至是第二次或者第三次常驻日内瓦，他对 WTO 是非常熟悉的，这样，他的态度和做法往往会比较独立。很有意思的是，农业谈判的连续三任主席都是新西兰人，第一任是 Tim Grosser，现在是新西兰的贸易部长，第二任是 Crawford Falconer，第三任是 David Walker。他们三个人对农业问题都有很深的研究，尤其是 Tim Grosser 和 Crawford，他们根本就不会完全听从秘书处的意见，他们有自己独立的想法。但是，很多谈判委员会的主席都要依靠秘书处。WTO 秘书处人员总体上非常精干，有些司长、参赞在秘书处里干了二、三十年，他们的专业素质是非常高的。因此，秘书处在 WTO 的运转中起着十分关键的作用，这主要体现在秘书处对各谈判委员会和各个例会的主席的影响上。

WTO 秘书处在机构设置方面既要适应例会的需要，也要适应谈判的需要，这对秘书处来说压力是非常大的。此外，机构设置还要适应争端解决的需要。WTO 的一个司，比如货物贸易司，它的工作内容是很多的。货物贸易理事会下设七、八个委员会，货物贸易司对所有货物贸易问题都要管。既要搞例会，也要搞谈判，还要负责争端解决。WTO 自成立以来，组织机构方面的变化很小，总体来说，它的机构设置还是比较成功的，因而也就比较稳定。

关于 WTO 总干事

在我任职使团团长的九年，经历了三任 WTO 总干事，他们的风格很不一样。迈克·穆尔（Mike Moore）这个人很有意思。他是工会领袖出身，代表劳工权利的。他自己也很有力气。据说，有一次中国"入世"谈判时，人太多，会议室的椅子不够了，他就一个人出去，一会儿的功夫扛个大沙发进来了！他是新西兰人，说英语有口音。有一次，他把印度大使和巴基斯坦大使叫去说了半个钟头，印度大使出去后问巴基斯坦大使：他到底说什么了？巴基斯坦大使说，我也没听懂！所以，他的口音成为日内瓦外交官之间的谈资。最有意思是，在素帕

认识

差（Supachai Panitchpakdi）接任 WTO 总干事的时候，迈克·穆尔还善意提醒说：你要小心日内瓦这些大使啊，他们老拿你开涮，老假装听不懂你的英语！在他离职的大会上，很多使团的大使对他的工作给予充分肯定，并祝愿他今后事业成功。其中一位说，"听到你要离任的消息，我十分难过；我刚刚开始听懂你的英语，你就要走了"！穆尔离职后，回到新西兰当了牛奶局的顾问，据说，他最近要去美国当大使了。

相比之下，接任迈克·穆尔的素帕差比较严肃，他是学者型的，他的老师是荷兰人，得过诺贝尔奖。他在担任 WTO 总干事的时候，邀请前 GATT 总干事萨瑟兰（Peter Sutherland）组织了一个八人专家组，对 WTO 的状况进行了评估，并且就 WTO 的未来发展提出了若干建议。这就是后来公开发表的报告——《WTO 的未来》（The Future of the WTO）。同时，由于他来自泰国，是发展中国家的，所以，他很支持发展中国家。他讲了很多公道话，说中国这个大国加入 WTO 意义很大。在他任职期间，特别邀请做过香港特区驻 WTO 代表的夏秉纯当特别顾问。夏秉纯曾担任过 WTO 总理事会主席，对秘书处的工作起了很大的作用，做了很多的工作。素帕差离职后，当了联合国贸发会议秘书长。贸发会议是发展中国家之间的国际组织，他在那里发挥了更大的作用。他很活跃，在他主持下，贸发会议发表了很多研究报告，在国际上产生了很大影响。

现任总干事拉米（Pascal Lamy）是法国人，是个实干家。他的经历比较丰富，做过银行家，当过欧盟委员会主席德洛尔的秘书。当时 G7 的首脑会，德洛尔作为欧盟的代表参加了，拉米就是欧盟的牵头人、总协调人。就像胡锦涛主席参加 G20 峰会，我国的牵头人原来是何亚非，现在是崔天凯。牵头人是直接向总统汇报的高官。拉米很早之前就做这个工作。他在当选总干事之前，是欧盟的贸易委员。有一段时间，他和美国贸易代表佐立克（Bob Zoelick）两个人主导了WTO谈判，例如2004年，在他们的主导下，最后达成了"七月框架"。他们是WTO圈内的人，而且是圈内的主导人士。后来，等素帕差卸任了，要选一个总干事的时候，拉米就先报名了。发展中国家报了三个人选：毛里求斯的部长、巴西的大使和乌拉圭的大使。这很有意思。一开始，我们是支持发展中国家的，但结果是，在初选时，巴西大使和毛里求斯部长先后被淘汰了。最后，拉米来找了中方说：我知道中国支持发展中国家，但是，我希望也别把我否决；你可以第一人选支持乌拉圭大使，第二人选支持我。最后，拉米当选了。拉米的风格跟素帕差可是不一样，他很有主见，也很强势。他还仿照欧盟委员会的组织形式，搞了一个权力很大的"办公厅"（cabinet），由六个人组成，职衔是参赞（counsel），分别负责不同的地区和事务。拉米遇事都是和他们商量，并且WTO各个部门的事情上报给总干事时，也要先经他们初步审查。在这六个人中，就有一位中国人王晓东。王晓东曾经在商务部和中国驻世贸使团工作过，是一位优秀的年轻人。在WTO秘书处工作的，一共有9名中国人。他们都十分敬业，只是级别还略显低了一些。如能有更多中国人在关键岗位上任职，中国的作用和贡献会更大一些。例如，我们在联合国有沙祖康任副秘书长，世界卫生组织有陈冯富珍任总干事，国际电信联盟有赵厚麟任副秘书长。在国际组织中任职人员多少与职位高低也反映出一个国家的国际地位和影响。

下编：媒体访谈选录

赴任前

（2002 年）

任常驻世贸代表、特命全权大使

中华人民共和国主席江泽民根据全国人民代表大会常务委员会的决定，任命孙振宇为中华人民共和国常驻世界贸易组织代表、特命全权大使，兼任中华人民共和国常驻联合国日内瓦办事处和瑞士其他国际组织副代表。

另据中新网报道，孙振宇在外经贸部已超过 20 年。他于 1946 年 3 月出生于河北省丰润。1969 年 7 月参加工作，北京外国语学院英语系毕业，大学文化，高级经济师。

孙振宇 1981 年曾赴欧洲共同体同声传译训练班学习，同年 8 月，出任外贸部地区政策二局干部；1985 年 7 月，出任中国粮油食品进出口总公司副总经理（副司级）；1990 年 1 月出任经贸部地区政策三司副司长；8 月出任经贸部美洲大洋洲司司长；1994 年 3 月任外经贸部部长助理；1994 年 11 月起任外经贸部副部长。

（《新华网》2002 年 1 月 17 日）

我们有信心做好应对"入世"工作

孙振宇大使接受记者采访

现年 56 岁的孙振宇总是那么随和。作为中国首任常驻世贸组织代表、特命全权大使，1 月 26 日，他即将启程赴瑞士日内瓦参加中国常驻世贸组织代表团的揭牌仪式。1 月 24 日下午，记者在他曾无数次会见外宾的外经贸部谈判楼进行了专访。

记者：请问中国常驻世贸组织代表团主要将做哪些事？

孙振宇：代表团是中国政府处理 WTO 事务的大前方，主要负责与 WTO 其他各成员常驻 WTO 机构的交涉以及多、双边谈判磋商。我们应对 WTO 很重要的一条就是把情况搞清楚，就这一点而言，代表团责无旁贷。28 日的揭牌仪式我们将会邀请 WTO 总干事及其秘书处官员、各使团常驻当地代表，还有多年来参与过中国入世谈判工作的老同志，如沈觉人、佟志广、谷永江等。在揭牌仪式上我将把江泽民主席签署的授权书交给总干事，接下来代表团就正式开始工作了。

记者：从外经贸部副部长到中国常驻 WTO 代表团大使，这种角色的转换有没有带给您什么特殊感觉？

孙振宇：中国加入世贸组织经过了 15 年的艰苦谈判，亿万民众都在关注这件事，我很荣幸被任命为首任大使。同时我也感到担子很重，因为我个人没有长期参加过谈判，双边谈判还参加得多一些，如中美市场准入谈判、纺织品谈判、知识产权谈判等，但对多边谈判这一块不是很熟悉，所以我也有个学习过程。

但我有信心把工作做好，有党中央的正确领导，有各部委的协助和支持，代表团会全力以赴。

记者：代表团的人员构成怎么样？

孙振宇：我们这个班子很强，聚集了各方面人才，包括参加过入世谈判的人员，还有专攻条法的，有搞调研的，有熟悉国内产业的，也邀请了其他部门的同志负责技术性较强的事务，如外交部、海关、农业部、质检总局等，总的来说人员构成比较理想，就像一支足球队，齐心协力，共同合作，大家都有很强的使命感。我们要努力坚决维护国家利益，维护发展中国家权益，把 WTO 真正建成公正、公开、透明、合理的国际经济组织。代表团每个人的具体情况都不同，我们会逐步充实这支队伍，会有新人陆续加入。

记者：中国是以发展中国家的身份加入 WTO 的，在与发展中成员打交道方面中国将有什么作为？

孙振宇：作为前方我们要及时加强与发展中成员常驻代表的沟通，了解其要求、立场和愿望，主要是摆事实讲道理，通过沟通，表明态度，达成共识，争取在重大问题上协调立场，保持一致。我们也要加

赴任前

强与国内各行业各部门的沟通，在对外谈判中要与对手讲清楚，各国经济体制、发展水平都不一样，要着眼于提高人民生活水平、增加就业机会、更好地利用整合资源等来处理相关事务。

中国是 WTO 发展中成员，经济实力不断增强，经济地位不断上升，我们将以积极姿态在 WTO 中发挥一个负责任大国的作用。另外，我们在与其他发展中成员紧密合作的同时，也会加强与发达成员的沟通，尽量在一些问题上形成共识。

记者：今年是中国入世第一年，作为大使，您觉得国内应该着重抓好哪几项工作，从而有利于代表团在 WTO 中的顺利运行？

孙振宇：加入 WTO 对加快改革开放进程、经济结构调整以及扩大出口、利用外资、实施"走出去"战略、参与制定多边贸易体制新规则等都有积极意义，这我就不多说了。现在国内各行业各部门对 WTO 也渐渐有所了解，当然这得有个适应过程，有机遇也有挑战。对于潜在的可能出现的问题要认真对待。我觉得最重要的一点就是要增强企业自身竞争力，通过积极的改革、创新，发展自己，壮大自己，使我们立于不败之地。归根结底是要坚持以经济建设为中心，不断提高我国的综合实力。要抓住世界经济结构调整的机遇，积极参与经济全球化。

面对"入世"新形势，当前应抓紧清理、修订和完善相关法律法规，加快转变政府职能，做好服务贸易领域的开放和监管，加强贸易争端的应诉和起诉工作。

各地区、各部门应力争使需要修订的法律法规和部门规章尽早颁布实施；对世贸组织规则和我国对外承诺所涉及的、但国内尚属空白的法律法规，有关部门正加紧研究制订。今后各地区、各部门制订有关涉外经济法规、部门规章和政策措施时，都要与国家法律法规保持一致，同时进一步提高透明度，凡属应公布的一律在对外公布后方可实施。

政府部门要依据公开的、统一的法律法规而不是内部文件来行使管理经济的职能，不断完善行政环境。要依据合理性、有效性、公开性和权责一致等原则，对现有的各种审批进行一次系统清理。要建立统一、开放、公平竞争的国内市场环境，规范政府行政权力，提高政府行政过程的透明度，减少行政腐败，克服官僚主义。

加入世贸组织后，随着我国逐步开放电信、银行、保险、分销等服务贸易领域，将给国内企业带来挑战，也给政府部门监管带来新的难题。服务贸易领域的开放必须考虑不同行业的特点和发展水平，区别对待，有序进行，审慎制定服务业市场准入政策，合理把握市场准入尺度和审批程序；依法加强对外商投资企业的监督管理，制定明确、严格的技术标准，加强对消费者的保护。

要抓紧建立产业安全保障体系，加强反倾销应诉和起诉工作，合理保护国内产业和市场；加强建立产品认证制度，修订有关产品的质量、安全、卫生和环保等标准，加强对进口产品的检验检疫和疫情监控，防止有害物质和生物入境。此外还要加快培养精通世贸组织规则的专业人才，包括国际贸易专家、法律专家、谈判专家、反倾销专家等，以便处理好加入世贸组织后大量复杂的涉外经济贸易事务。

（《人民网》2002 年 1 月 24 日　记者　龚雯）

中国常驻 WTO 代表团出发

昨天上午，两块刻有"中华人民共和国常驻世界贸易组织代表团"和"中华人民共和国常驻世界贸易组织代表团大使官邸"的牌匾，在

赴任前

中国常驻世贸组织代表团牌匾

外经贸部进行了最后的装封。明天中午，这两块牌匾将随我国常驻世界贸易组织代表团首批团员前往日内瓦，参加 28 日在该地举行的中华人民共和国常驻世界贸易组织代表团的揭牌开馆仪式。

记者昨天看到，这两块在阳光下闪闪发光的牌匾为金底黑字，长宽为 535 毫米 X55 毫米。据采购制作此牌匾的外交部驻外机构供应处的工作人员介绍，牌匾的选材为不锈钢镀钛，选用这样的牌匾可以防生锈和防氧化。

同在昨天，中国常驻日内瓦代表团的工作人员告诉记者，目前他们正在陆续向 WTO 总部和各国驻日内瓦使节发放请柬，并开始准备招待会现场。更令人兴奋的是，这几天他们还将在我国常驻世界贸易组织代表团驻地竖起国旗杆，在代表团揭牌开馆后，还将举行升旗仪式，中国的五星红旗到时会飘扬在我国常驻世界贸易组织代表团的上空。

据介绍，这次中华人民共和国常驻世界贸易组织代表团的揭牌开馆仪式约 1 小时 30 分，代表团孙振宇大使将在仪式上发表讲话，世贸组织总干事迈克·穆尔也将参加并在仪式上致词。我国常驻世贸组织代表团在揭牌开馆后将正式根据代表团职能开展相关工作，即代表中国政府负责处理与世贸组织秘书处及世贸组织成员常驻日内瓦世贸组织代表机构之间的日常事务；参加世贸组织各机构在日内瓦总部举行的各类会议和磋商；根据国内授权，负责与世贸组织其他成员常驻世贸组织代表机构进行多边、双边谈判、交涉和磋商等。

（《北京青年报》2002 年 1 月 22 日　记者　谭卫平）

我们要做好"家庭作业"

首任中国常驻世贸组织代表、特命全权大使孙振宇 26 日在飞赴日内瓦之前在北京首都机场接受记者采访时表示，中国将以积极的态度参加新一轮的多边贸易谈判。

孙大使在赴日内瓦履新之时郑重表示："我这次万分感谢国家和人民对我的信任，石部长今天亲自到机场来送我们代表团，这使我感到我肩负的重任，我们一定全力以赴，不辱使命，圆满地完成国家交给我们的任务。"

当记者问到中国为新一轮的多边贸易谈判作了哪些准备工作时，孙大使回答："首先是人的方面，要有各方面的人才，我们这些人要做好家庭作业呀！"说到这里，孙大使爽朗地笑了：

石广生部长等到机场为代表团送行

赴任前

85

佟志广、孙振宇、沈觉人、谷永江（从左至右）向送行者挥手告别

"起码要把所有乌拉圭回合的文件、规则好好学习，我们要把加入世贸组织谈判过程中所作的承诺和我们所享受的权利进行充分地了解，这是基本功。然后要跟各个国家进行广泛的接触，各个国家有不同的立场，这里确实很复杂，各个国家的传统、历史背景、文化、价值观、经济发展水平都不同，这里要有一个相互交流、相互理解，最后能达成共识的过程。"

以前中国是以观察员的身份参加乌拉圭回合谈判的，中国加入WTO以后，将以正式成员的身份参与新一轮的谈判，中国是否会发挥建设性的作用？

谈到这一问题，这位曾参加和主持过中美纺织品谈判、中美知识产权谈判等重要谈判的大使充满信心地说："中国将以积极的态度参加新一轮的多边贸易谈判，按照既定的谈判日程，农产品和服务贸易的谈判已经进行了一段时间，在这几个方面，我们要和各个国家协调立场，因为多边谈判问题非常复杂，涉及到方方面面的利益，有发达国家的，也有发展中国家的，我们希望在这中间通过与各方进行广泛的协商、沟通，达成一个新的、比较平衡一致的规则。在原来的基础上，使它更加公平、合理，能够照顾到各方面的利益，使这个多边贸易谈判更加完善，使大多数参加这个贸易组织的国家都能从中获益，而不是受到伤害。

这是世贸组织一个根本的目的，使大多数国家通过参加世贸组织，经济得到发展，人民生活得到提高。同时，国际贸易环境将得到更大改善。"

（《国际金融报》2002 年 1 月 28 日　记者　阮煜琳）

❋ 到 任 ❋

（2002 年）

中国世贸大使亮相日内瓦连刮数天"中国旋风"

1 月 28 日，日内瓦湖畔威尔逊总统酒店。中国常驻世界贸易组织代表团揭牌开馆仪式在这里隆重举行。日内瓦连刮几天的"中国旋风"达到了高潮。

履新第一天，不仅忙坏了新大使，也忙坏了记者们

今年 1 月 17 日，中华人民共和国主席江泽民任命外经贸部副部长孙振宇为中国常驻世贸组织代表、特命全权大使。1 月 26 日，孙振宇乘飞机抵达世贸组织总部所在地瑞士日内瓦，他在日内瓦机场对本社记者说："担任第一位中国常驻世贸组织大使，是一个非常具有挑战性的工作。"的确，新大使还顾不上欣赏日内瓦的湖光山色，就迎来了第一个紧张的工作日。

1 月 28 日是孙振宇履新的第一天，一系列外交活动不仅忙坏了新大使，也忙坏了那些常年报道世贸组织的记者们。日内瓦现在处于冬季，气温不高，但记者们跟着孙大使每转战一个会场，就出一身汗。

孙大使这一天的日程是：上午9时会见世贸组织总干事穆尔并递交委任书。中午12时会见世贸组织总理事会主席夏秉纯。下午1时至2时半举行中国驻世贸组织代表团揭牌开馆仪式。下午3时出席刚刚成立的世贸组织贸易谈判委员会的首次会议。利用空隙，孙大使还要会见巴基斯坦等国驻世贸组织大使。

为抢拍递交委任书的镜头，记者们将桌上的水杯都挤倒了

28日上午9时，孙大使到世贸组织总部会见世贸组织总干事穆尔，向他递交委任书。这是中国新大使在日内瓦的第一个正式活动，也是第一次在这里向媒体正式亮相。不到8时半，常驻日内瓦的世界各地主要媒体就派出摄影和文字记者守候在世贸组织大楼门口，美联社还特地从北京调来一位会说汉语的摄像记者跟踪采访。

孙大使一来到世贸组织大楼门口，记者们就蜂拥而上，拍照、提问，簇拥着他从门口一直走到二楼穆尔的会议室。孙大使与穆尔握手后，在各成员方驻世贸组织大使签名簿上，用中、英文签上了自己的名字和日期。记者们为了抢拍这个镜头，将桌上的水杯都挤倒了。

这次记者们能有幸跟着中国大使进入穆尔的会议室，机会非常难得。因为世贸组织的会议基本上不对媒体开放，记者们也都抛弃了往日彬彬有礼的风度，一拥而入，几乎挤破了头。世贸组织的新闻发言人不得不警告："别挤，否则大家全都出去！"

招待会上，昔日的谈判对手纷纷举杯祝贺

28日中午1时半，孙大使在威尔逊总统酒店，为中国常驻世贸组织代表团大使馆举行揭牌开馆仪式。不到1点钟，客人们就陆续来到会场。这与以往世贸组织的会议总是比预定时间推迟半个小时以上形成反差。世贸组织总干事穆尔和总理事会主席夏秉纯，以及世贸组织成员驻日内瓦的代表等约400人出席了揭牌仪式。

到任

中国常驻日内瓦联合国代表团大使沙祖康向来宾介绍了孙振宇大使，以及中国复关及入世谈判代表团前三任团长沈觉人、佟志广和谷永江。

两位中国大使和三位中国复关及入世谈判的见证人，在热烈的掌声中，一起揭开了用红绸布覆盖的"中华人民共和国常驻世贸组织代表团"的铜牌。

孙大使在致辞中说："经过长达15年的艰苦谈判，中国正式成为了世贸组织成员。中国将在权利与义务平衡的基础上，严格遵守世贸组织规则，切实履行各项承诺，为多边贸易体制的发展作出积极的贡献。"

世贸组织总干事穆尔在揭牌仪式上说："中国加入世贸组织对世贸组织和中国来说，都具有非常重要的意义。二者都将有所变化，而这种变化必将对本世纪国际社会产生影响。世贸组织成员范围的扩大，对全球经济合作将起重要的促进作用。从这个意义上说，世贸组织现在是一个真正的世界性贸易组织。"

招待会大厅里，气氛轻松愉快。昔日的谈判对手如今都纷纷举杯，向中国的新大使和代表团祝贺。卡塔尔驻世贸组织公使阿卜杜拉·贾贝尔说："中国加入世贸组织，我尤其感到高兴，因为中国是在卡塔尔的首都多哈被接纳为世贸组织成员的，中国13亿人都会记住卡塔尔。"

中国"复关"和"入世"谈判代表团前三任团长沈觉人、佟志广和谷永江在揭牌仪式上一致表示，这次重返日内瓦是他们历次访问中最轻松的一次，也是最高兴的一次。佟志广说："作为中国加入世贸组织谈判的见证人，能够参加中国常驻世贸组织代表团大使馆的开馆仪式，觉得非常荣幸。"

世贸组织新闻官戏称："从新闻角度来说，中国已经入世5次了。"

跟着记者们忙碌了一天的世贸组织新闻官约瑟夫·博世，对本社记者戏称："从新闻角度来说，中国已经入世5次了。"记者问他为何有此一说，他解释道：第一次是2001年9月17日中国加入世界贸易组织的所有法律文件获得通过，宣告

插图:邝 飚

（南风窗双周新闻人物 2002 年 2 月）

中国长达15年的马拉松式入世谈判全面结束。第二次是去年11月10日在多哈举行的世贸组织第四次部长级会议上，世贸组织各成员一致同意接纳中国为世贸组织成员。第三次是12月11日，中国完成所有入世的批准手续30天后，正式成为世贸组织第143个成员。第四次是12月19日中国首次以正式成员身份出席世贸组织总理事会议。第五次是中国首任常驻世贸组织大使到任。这每一次新闻都被媒体当作中国入世的标志性事件而大量报道，确实把记者们累得够呛。

博世说："在我担任新闻官的这几年里，像中国入世这样一再引起媒体关注的情况还是第一次碰到。"

孙大使指挥大家高唱国歌，五星红旗在日内瓦湖畔上空高高飘扬

29日上午10时，在美丽的日内瓦湖畔，中国常驻世贸组织代表团在大使馆前的草坪上，举行了隆重的升旗仪式。

日内瓦的冬季一般难见阳光，这一天老天爷也非常配合。早晨起

到任

来还有些雾气，可是等到举行升旗仪式的时候，湖面上的雾气渐渐散去了。

在孙大使的指挥下，随同孙大使来访的三位中国复关谈判代表团团长沈觉人、佟志广和谷永江以及中国常驻世贸组织代表团的工作人员在旗杆前排好队。为了使升旗仪式不出差错，大家还特地演练了几次。由于没有国歌的录音带，孙大使就指挥大家一起高唱国歌。在大家充满感情的国歌声中，孙大使和沙祖康大使一起把鲜艳的五星红旗升到中国常驻世贸组织代表团的上空。随后两位大使又把"中华人民共和国常驻世贸组织代表团"的铜牌挂在了代表团的门口。

瑞士建筑设计师说，大使馆是他最得意之作

中国常驻世贸组织代表团大使馆是一组既现代又有东方韵味的建筑，建于日内瓦湖西岸的绿草坪上，背靠日内瓦植物园，馆前是美丽的日内瓦湖，隔湖远眺，可见白色的阿尔卑斯山脉最高峰勃朗峰。该馆1998年设计，1999年2月开工，2000年8月竣工投入使用。当时被用作中国驻联合国日内瓦代表团经贸处的办公室。经贸处的主要官员是中国入世谈判代表团的成员，也是中国常驻世贸组织代表团的基本班底。大使馆面积有7871平方米，包括500平方米的办公楼、1000平方米的14套宿舍以及环绕着建筑物的中国式花园。与代表团

孙大使（右二）在与世贸组织总干事穆尔（左二）交谈。新华社记者吕全成摄

相邻的分别是土耳其大使官邸和一块供公众游玩休息的绿地。

据介绍，中国驻世贸代表团所在地是令众人垂涎的湖边最后一块空地，曾被一沙特富商看中，最终还是落到中国代表团手里。

孙大使（右三）等在揭牌仪式上。新华社记者吕全成摄

该建筑的瑞士设计师沙米尔·本达汗向本社记者介绍说，中国代表团馆舍是他最满意、也是最费心设计的一部作品。因为日内瓦是花园城市，所有建筑物都要与日内瓦湖的景色协调一致，湖边建筑的规划设计更受到严格制约。比如，建筑物必须距湖岸 30 米，跟左邻右舍相距 12 米。规划设计必须得到日内瓦城市规划部门的认可，也必须严格按照规划建设，不得随意更改。更重要的是，这个建筑还要体现出中国和东方的特点。

（《新华网》2002 年 1 月 31 日　记者　梁业倩）

到任

93

❧ 任职九年历程 ❧

(2002—2010 年)

2002 年

不负祖国和人民的重托

　　从 1 月 28 日在日内瓦举行隆重的揭牌仪式至今,中国常驻世界贸易组织代表团已经运行了整整 135 天。尽管相距遥远,但他们为推动多边贸易体制更加公正合理、加强与世贸组织其他成员的沟通、维护中国和发展中国家利益的不懈工作和努力,却无时无刻不在牵动着国人的心。正值我国加入世界贸易组织近半年之际,围绕广大读者非常关注的中国常驻世贸代表团的工作情况,本报记者以书面形式专访了我国首位常驻世贸组织大使孙振宇。

　　记者:中国加入世贸组织已经半年,请您谈谈驻世贸组织代表团的工作情况,有什么收获和感想?

　　孙振宇:中国加入世贸组织,成为正式成员,这是全国人民密切关注的一件大事。我们代表团全体同志肩负着祖国和人民的重托，面对新形势、新任务、新环境、新挑战，克服了建团初期的各种困难，各项工作逐步走上正轨，开始进入全面介入、积极参与的阶段。

我们在建团阶段进展比较顺利，离不开国内各部门领导的关心与支持，离不开我驻日内瓦代表团的大力协助与配合，也离不开我们代表团全体人员齐心协力、忘我工作。我为我们能有这样一支充满朝气和富有奉献精神的团队感到自豪。我们对完成国家交给我们的各项任务信心十足。

记者：在过去几个月中，代表团的工作主要遇到了哪些问题？

孙振宇：除了出席各个理事会、委员会大量的日常会议之外，代表团在过去几个月中主要面临三个方面的问题：

一是一些成员比较关注中国履行承诺的情况。我们通过各种途径，及时向国内反映一些成员关注的我国在履诺中存在的问题，争取妥善解决。同时积极向各成员介绍中国在履行承诺方面所做的大量艰苦细致的工作，介绍中国在各个领域完善法律法规、提高透明度、不断开放市场的情况。同时也坦率地讲明我们在执行中面临的一些实际困难，对一些发达国家搞贸易保护主义、实行双重标准提出批评，要求它们在履行义务方面首先要严格要求自己。对一些成员就我国在过渡期审议的程序问题提出的超出议定书规定的要求给予拒绝。

二是新一轮谈判的参与和准备工作。新一轮谈判涉及农业、服务贸易、非农产品市场准入、知识产权、反倾销等规则问题，以及争端解决机制、贸易与环境等诸多议题。代表团积极配合国内团组参加各议题谈判的会议，及时掌握各成员在谈判中的立场，向国内报回各种信息及提出建议。目前大部分议题的谈判尚处于初始阶段，随着谈判逐步深入将涉及到更多实质问题，工作量会明显加大。

三是配合国内打好美国钢材保障措施案。3月6日，美国总统宣布从3月20日起对从包括中国在内的部分国家进口的钢材采取保障措施。这一措施对我国钢材出口的影响高达3.7亿美元的贸易额。代表团按照国内的指示，积极开展应对工作，与有关成员进行了数十次非正式磋商，对该案的进展及我国宜采取的对策提出了具体建议。目前这一案件处在请求争端解决机构成立专家组的阶段，估计要两年左右的时间才能结束。这一案件对维护我国经济利益、深入了解世贸组织争端解决机制、锻炼干部队伍大有益处。

记者：请您谈谈代表团是如何加强与其他成员代表团的沟通和协作的？

孙振宇：我们在前方的一个重要任务是广交朋友，全方位、多层次地开展对外交往，及时了解和掌握相关的信息和第一手资料，进行分析研究，并向国内提出对策建议。所以代表团十分重视与各成员驻世贸组织代表团、世贸组织秘书处以及相关国际组织和其他政府间组织的联系与沟通。中国作为一个新成员，在各方面都缺乏经验，所以我们通过各种方式向各成员代表团及有关专家请教，掌握相关议题的背景情况、争论的焦点、各成员的立场，以供国内参考。

目前，我们同亚洲、非洲、拉丁美洲、南太、东欧等发展中成员代表团建立了密切的联系，同其中一些活跃的成员进行定期或不定期的联系或交换意见。同欧、美、日、加、澳、新等发达成员也建立了良好的沟通渠道，这为我们积极参加新一轮谈判奠定了较好的基础。

记者：听说您非常重视代表团的人员培训工作，请谈谈有关这方面的情况。

孙振宇：代表团的人员培训是一项重要工作。目前代表团人员中只有少数同志参加过加入世贸组织的谈判工作，不少同志对多边贸易的工作缺乏感性认识。因此我们只有边干边学，在实践中提高我们对世贸组织多边贸易体制的认识与工作水平。

由于世贸组织的工作语言是英文、法文、西班牙文，我们最基础的工作就是阅读大量外文会议文件，在参加会议时要完全听懂会议讨论的内容，争论的焦点，抓住要点整理记录，同时在会上还要积极参与，对一些我们关注的问题要及时发言。这就要求我们代表团的每一位同志都要具备良好的素质，不仅要有较高的业务素质、外语素质，更要具备良好的政治素质。

代表团经常安排一些政策和业务讲座，请代表团的老同志、国内团组中的专家及我驻国际组织的高级职员给大家讲课，使大家尽量缩短摸索与学习的过程，尽快进入角色。代表团还注重日常的政治理论学习，这进一步激发了大家的爱国热情和爱岗敬业精神，关心集体、乐于奉献、吃苦耐劳、勤奋钻研的精神蔚然成风。大家有决心有信心出色地完成国家交给我们的各项任务，以优异的成绩报效祖国。

（《国际商报》2002 年 6 月 11 日　记者　曹玖梅、于新春）

平常心对待争端解决机制

今年 12 月 11 日是中国"入世"一周年的日子。作为世贸组织新成员，一年来，中国和世贸组织主要成员之间的贸易纠纷时有发生，特别是一些发达成员对中国大量采取反倾销措施和技术性贸易壁垒。对此，孙大使表示，中国加入世贸组织的一个重要目的就是要利用世贸组织的争端解决机制解决贸易纠纷，制约贸易保护主义。

他说："世贸组织的争端解决机制并不是国际法院，它的仲裁机构只是各成员授权它进行独立的判断，其根本目的是促使各世贸组织成员遵守规则、履行承诺。因此，在世贸组织里被争端解决机制裁决为不符合世贸规则，并不一定是丢脸的事情。"

他指出："我们并不希望动辄与世贸组织成员对簿公堂。世贸组织的争端解决机制的宗旨还是希望各成员通过协商来解决彼此之间的纠纷，交由专家组裁决只是最后的手段。在世贸组织打官司需要有很多专业人才，也要花很多钱。"

他同时提醒说，世贸组织的争端解决机制是一把"双刃剑"，既可以用来保护自己，也不能排除成为被告和败诉的可能，我们应当有这种心理准备。他介绍，一些发达国家成员明明知道会败诉，却往往利用争端解决机制与贸易对手周旋，争取国内政策调整的时间。对于争端解决机制的这一特点，我们应有所认识。

针对国内很多企业被国外反倾销，孙大使建议，面对中国对外贸易高速发展、国外贸易保护主义时有抬头的形势，广大企业既要有企业发展的战略，又要有国际眼光。

他说："不要在一个时期对某一个市场大幅度增加出口和大幅度降低商品的价格。要有培养长期稳定的市场意识，有自我约束能力，要自觉地服从中介机构的协调，尽可能避免成为国外反倾销措施的对象。一旦发生了反倾销案件，要积极应诉，不要怕打官司。今年以来，我国一些企业积极应诉，赢得了一些反倾销的官司，为广大企业树立了很好的榜样。"

WTO争端解决机制是一柄"双刃剑"，既可用来保护自己，也不排除成为被告和败诉的可能。我们应当有这种思想准备，保持平常心。

广大企业在新形势面前，既要有长远发展战略，又要有国际眼光，要善于保护自己。比如，不要在一个时期对某一个市场大幅增加出口、大幅降低商品价格。

（《新华网》2002 年 12 月 8 日　记者　梁业倩）

中国的表现是合格的

WTO 争端解决机制是一柄"双刃剑"，既可用来保护自己，也不排除成为被告和败诉的可能。我们应当有这种思想准备，保持平常心。

广大企业在新形势面前，既要有长远发展战略，也要有国际眼光，要善于保护自己。比如，不要在一个时期对某一个市场大幅增加出口，大幅降低商品价格。

中国的努力和成绩有目共睹

记者：据我所知，世贸组织各成员对我国加入 WTO 一年来的表现给予了较高评价，对此您怎么看？

孙振宇：的确，这一年来中国政府高度重视并认真履行了在 WTO 谈判中所作的承诺，修改了大量法律法规，进一步降低了关税，大幅削减了配额、许可证等非关税措施，依照承诺开放了服务贸易。中国付出的巨大努力和取得的成绩有目共睹，在 WTO 成员中获得了普遍赞赏。

在不久前完成的过渡性审议中，广大 WTO 成员对中方一年来的工作给予了客观和公正的评价，包括 WTO 前任总干事穆尔和现任总干事素帕猜都表示，中国在履行义务、遵守规则方面的表现是合格的。

　　记者：您刚才提到，WTO 对我国进行了过渡性审议，但我听说也有一些成员对中国执行 WTO 协议方面的某些问题提出了质疑，比如，认为中国发放关税配额的时间过晚、若干方面的法规比较含混和透明度不够等，是这样吗？

　　孙振宇：一年来，中国在履行协议的过程中确实也存在一些问题，我们的执行工作并不是完美无缺的。作为新成员，在履行 WTO 复杂而广泛的义务中，存在一些问题特别是技术性问题，是完全可以理解的。一些加入世贸组织几十年的老成员在履行义务方面至今仍有不少问题。中方在审议中已表示，愿意倾听各成员提出的建设性意见，以便在今后改进。国内各有关部门也在根据这一年来的执行情况制定有效措施来改进工作。比如，按时发放配额和提高配额分配中的透明度等。随着中国对 WTO 运行体制的进一步了解和熟悉，执行中的个别问题会逐步得到妥善解决。

　　对争端解决机制要保持平常心

　　记者：近来，中国与 WTO 主要成员的贸易纠纷增加，尤其是一些发达成员对华频设反倾销措施和技术性贸易壁垒。这很让国内人士担心，摩擦会不会越来越升级？

　　孙振宇：目前，中国已成为世界第六大贸易国，伴随着贸易的发展，贸易纠纷的增加不足为奇。当然应该看到另一面，就是全球贸易保护主义时有抬头，矛头直指正在兴起的贸易大国，如对中国不断采取不合理的贸易限制措施。对此，我们要开展有理、有利、有节的斗争，包括运用 WTO 争端解决机制来维护我国的权利。不过我们并不希望动辄与 WTO 成员对簿公堂。而且，在 WTO 打官司需要很多专业人才，也会增加我们在人、财、物方面的负担。

格的。格的。

格的。格的。格的。

格的。

格的。

格的。

记者：很多 WTO 成员已到了玩规则的地步，我们才开始学规则，运用 WTO 争端解决机制来保护中方权益，胜算是不是较小？

孙振宇：WTO 争端解决机制是一柄"双刃剑"，既可用来保护自己，也不排除成为被告和败诉的可能。我们应当有这种思想准备，保持平常心，特别是在对 WTO 规则还不完全熟悉的情况下，在我们的体制还有待进一步完善的过程中，被其他成员起诉甚至最终败诉的可能性是存在的。但是，需要说明一点，WTO 争端解决机制并非国际法院，它的仲裁机构只是各成员授权它进行独立的判断，其根本目的是促使各 WTO 成员遵守规则、履行承诺。因此，在 WTO 里被争端解决机制裁决为不符合 WTO 规则，并不一定被认为是件很丢脸的事。而在实践中，一些发达成员明明知道会败诉，却往往利用争端解决机制与贸易对手周旋，来争取国内政策调整的时间。

记者：您上面谈到的争端解决机制是政府与政府之间在 WTO 里打官司。其实现在不少企业也深受国外反倾销之苦，那么企业该如何应对呢？

孙振宇：我觉得广大企业在新形势面前，既要有长远发展战略，也要有国际眼光，要善于保护自己。比如，不要在一个时期对某一个市场大幅增加出口，大幅降低商品价格。要有培养长期稳定的市场的意识，创自己品牌的意识，要有自我约束能力，自觉服从中介机构的协调，尽可能避免成为国外反倾销措施的对象。同时，一旦发生了反倾销案，要积极应诉，别怕打官司。今年以来，一些企业应诉很积极主动，在一些对华反倾销案中打了胜仗，树立了很好的榜样。

（《人民日报》2002 年 12 月 9 日　记者　龚雯）

第一年我们稳住了阵脚

"一年来和很多成员打交道，在这里我们很受尊敬，原因是国家的强盛。国家地位越高，我们在这里就越受尊敬。"回顾这一年，孙大使说，"我们稳住了阵脚，开拓了局面。"

出任大使之前，孙振宇任外经贸部副部长，曾参加和主持过中美纺织品谈判、中美知识产权谈判，对比当初以观察员的身份参加世贸组织的会议，孙大使感受颇多。

事实上，作为观察员主要就是了解情况，不能发表自己的意见或者是参与决策。身为正式成员就可以对任何讨论的题目发表意见，参与决策过程。所以，这一年孙大使的日程被排得满满的。"我们的任务就是要参加所有的会议，所有委员会、工作小组的，我们都要去参加。这一年的会议不断，除了七八月份休假或者是新年休假以外，会议安排得非常满"。和做观察员时那种憋屈的感觉形成鲜明对照的是，"一年来和很多成员打交道，在这里我们很受尊敬，原因是国家的强盛。国家地位越高，我们在这里就越受尊敬"。

回顾这一年，孙大使说："我们稳住了阵脚，开拓了局面。"比如，与WTO秘书处及各成员建立了经常和密切的沟通，代表中国政府出席了WTO各种会议，参加WTO各类活动，配合国内相关部门全面参与新一轮多边贸易谈判，目前已在知识产权、公共健康、农业、投资等方面递交了提案，撰写大量调研材料，为国内有关部门决策提供参考，等等。

"自去年11月以来，我国派出了50多个谈判小组在日内瓦参加新一轮各项议题的谈判，在一些重点议题如农业问题上拿出了中方的提案，得到了WTO成员的重视和广大发展中成员的支持。"

一年前，中国加入世贸组织的同时，WTO新一回合的谈判"多哈谈判"启动。在谈到这一点时，孙振宇说："新一轮谈判自启动以来，进展很缓慢。"

孙大使指出，过去的WTO框架以发达国家为主，忽略了对发展中国家的关注，现在要改变，所以多哈回合被称为"发展回合"。在这一进程中，中国被寄予厚望，希望发挥积极作用，为世贸组织做更多的贡献。

孙大使介绍说："自去年11月以来，我国派出了50多个谈判小组在日内瓦参加新一轮各项议题的谈判，在一些重点议题如农业问题上拿出了中方的提案，得到了WTO成员的重视和广大发展中成员的支持。对于WTO正在酝酿中的一些议题的谈判，我们正会同国内有关部门进行深入分析和论证，并将尽快提出我国的立场和对策，以便在新一轮谈判中切实维护我国的利益。"

孙大使指出，多哈谈判在很多领域都与我国的利益密切相关。比如农产品谈判，通过新一轮谈判来推动其他成员降低乃至最终取消农产品补贴，为国际农产品贸易创造更好的环境，也为我国农产品出口创造更有利的条件。

在服务贸易领域的有些方面，我们有自身优势，比如，在"自然人移动"，即专业人员的服务方面，我们要通过谈判，扩大我国在这些领域的出口。

还有，防止发达成员采用技术性壁垒限制从发展中成员的进口。目前，很多发达国家滥用技术性贸易壁垒，限制我国产品出口，逃避履行WTO的市场准入义务，已对我国贸易利益造成严重损害。

再如，减少发达成员使用反倾销规则的任意性，并给予发展中成员更多的"特殊和差别待遇"。其他议题，如争端解决、环境与贸易、知识产权等，我们也想借助新一轮谈判提供既符合国际惯例、又充分考虑到中国国情的解决和改善办法。

事实上，孙大使已经在勾画明年的工作日程。

第一件事

记者：您上任之后所干的第一件工作是什么呢？

孙大使：因为是中国首批驻世贸组织代表团的成员，我们都觉得身上的担子非常重，到世贸组织后，一切都从头做起。对外，我们逐步建立起广泛的联系，包括同各个使团、秘书处的关系等。对内，我们通过广交朋友、积极磋商等方法了解更多的情况，以向国内提出较好的建议。

最难的事

记者：任职之后，您觉得最难的事情是什么？

孙大使：因为我们很多同志都是新手，对这种多边的贸易体制的议事规则及各方面的情况、历史的背景，确实需要下很大的功夫，所以我们现在要很好地抓对我们人员的培训，了解历史的情况，要做大量的阅读，因为在这种多边的会议当中每个会议都有很大量的材料、各种文件，都需要事先进行很好的阅读，做好充分的准备，所以阅读量是很大的。

最开心的事

记者：那么您去了以后，我相信一定有一些非常开心的事，最开心的事应该是什么事情呢？

孙大使：最开心的事恐怕就是在会议上提出的要求，最后得到大会的认可，能打一个胜仗就是我们最高兴的。

感受最深的事

记者：记得有一件印象比较深的事，原来龙永图任世贸组织观察员的时候，好几次接受采访都提到一个话题，开会的时候他老是坐在一个很不重要的角落上，而且只能听不能说，那时候他的感觉是很憋屈的。您现在担任驻世贸组织的大使，感觉是不是已经完全不一样了？

孙大使：对，现在我们作为世贸组织的一个正式成员，有我们正式的席位，有我们的牌子，我们参加的会议除了正式的会议，非正式会议、非正式磋商我们也都参加。做了正式成员以后，我们对任何讨论的题目都可以发表意见，参与决策的过程。同时，我们作为正式成员还可以参加很多其他方面的活动，比如说一些新成员的加入，我们要参加到工作组当中去，参与新成员加入的审议工作。另外，在世贸组织里对每一个成员的贸易政策都要进行定期的审议。对于一些发达国家两年审一次，一般的发展中国家是四年审一次，这些审议我们也都参加并发表我们的意见。对有关国家在执行世贸组织的承诺方面做得不够的地方，我们也都可以提出批评。

（《北京晨报》2002 年 12 月 16 日　记者　张晓莉）

站在世贸舞台上

中国首任常驻世界贸易组织代表、特命全权大使孙振宇今年 1 月抵达世贸组织总部日内瓦时，曾对记者说："作为中国第一位驻世贸组织大使，我感到很荣幸。这个工作也非常具有挑战性。"一年即将过去，作为代表中国政府与世贸组织的直接对话者，孙振宇对中国加入世贸组织后的的各项工作有什么样的看法呢？对中国常驻世贸组织代表团的工作又有怎样的评价呢？日前，孙振宇大使接受了记者的专访。

一年来各方对中国加入世贸组织表现的评价

记者：据我了解，各成员对中国加入 WTO 一年来的表现给予了比较高的评价。包括 WTO 前任总干事穆尔和现任总干事素帕猜都表示，中国在修改法律、遵守规则等面都做出了巨大的努力，一年来的表现是合格的。作为中国首任驻 WTO 大使，您怎么看这个问题？

孙振宇：的确，一年来中国政府高度重视并认真履行了在乌拉圭回合谈判中所作的承诺，修改了大量的法律、法规，降低了关税，大幅度削减了配额、许可证等非关税措施，按照承诺开放了服务贸易。中国所做出的巨大努力和取得的成绩是有目共睹的，在 WTO 成员中得到了普遍的赞赏。包括在不久前完成的过渡性审议中，广大的 WTO 成员对中国做出的努力做出了客观和公正的评价。

记者：您刚才提到，WTO 对中国进行了过渡性审议，据了解，也有一些成员对中国之行协议方面的某些问题提出了质疑，比如，认为中国发放关税配额的时间过晚，有些方面法规比较含混和透明度不够，等等。

孙振宇：这一年来中国在履行加入 WTO 协议的过程中的确也还存在着这样或那样的问题，我们并不回避这一点，我们并没有说我们的执行工作是完美无缺的。作为一个新加入的成员，在履行 WTO 复杂而广泛的义务中，存在一些问题，特别是一些技术问题是完全可以理解的。一些加入几十年的老成员在履行义务方面也存在不少问题。我们的代表团在审议中已经表示，我们愿意倾听各成员提出的建设性意见，以便在今后改进我们的工作。国内各有关部门也的确在根据这一年来的执行情况制定有效的措施，改进工作，比如，按时发放配额和提高配额分配中的透明度，等等。随着中国对 WTO 运行体制的进一步了解和熟悉，执行中的个别问题会逐渐得到妥善解决的。

中国在 WTO 中的作用

记者：中国一直在说不想在 WTO 中成为发展中成员的领袖，而愿意成为发达成员和发展中成员的桥梁。中国为什么有这样一个定位？

孙振宇：首先，中国是一个发展中国家，在很多问题上，中国和广大发展中国家的利益和立场自然是一致的。比如说，中国和其他发展中国家都需要在积极参与经济全球化和多边贸易体制的过程中，保持其对市场开放的速度、力度和节奏的控制能力，在自身经济发展目标和世界贸易投资自由化进程之间寻求平衡。但是，由于中国是最大的发展中国家，而且实行改革开放政策比较早，在某些领域市场开放的力度比较大，某些领域的开放程度已经达到甚至超过了一些发达成员，而同时中国始终保持着开放市场的主导权，以维护经济安全和防范风险。因此，在某些方面中国的经验可以为发展中成员所借鉴。在 WTO 进一步推动贸易投资自由化的进程中，中国可以和广大发展中成员充分交换意见、沟通立场，维护共同的利益，同时推动多边贸易体制的稳定和健康的发展。

记者：一年来，中国常驻 WTO 代表团和您本人做了哪些工作，取得了什么成效呢？

孙振宇："万事开头难"。我们代表团由于刚刚组建，工作千头万绪，承担着奠定基础的任务。在国内主管部门的正确指导和大力支持以及全体代表团成员共同努力下，我们做了一些工作，稳住了阵脚，开拓了局面。我们和 WTO 秘书处及各成员建立了经常的和密切的沟通，代表中国政府出席了 WTO 的各种会议、参加了 WTO 的各种活动，配合国内有关部门全面参与了新一轮多边贸易谈判，并在谈判中提出了我国的方案，阐述了我国的立场。代表团的同志们还撰写了大量的调查研究材料，为国内有关部门决策提供参考。在今年工作的基础上，我们有信心把明年的工作搞得更好。

记者：那么您认为中国应该怎样做才能在 WTO 里发挥更好的作用，维护自己和发展中成员的利益？

孙振宇：WTO 有自己的游戏规则。经过一段时间的了解，我认为有四点对于在 WTO 里发挥积极的建设性作用非常重要。第一，要做好"家庭作业"，也就是说要了解所讨论的议题的具体情况、各主要成员国的立场以及国内有关行业和领域的具体情况。WTO 所谈判的问题往往是很专业的，只有做到心中有数，才能做到深入参与。第二，要善于提出书面的建议。我们虽然可以在各种会议上发言，表达我们的关注，解释我们的立场，但是在谈判的最后阶段，往往要汇总各方的意见，这种汇总和综合工作要以各方提出的书面案文为依据。如果我们不善于提出书面案文的话，我们的意见可能被忽略。第三，要学会建立"联盟"。WTO 是个多边机构，最后的谈判结果要形成一个多边的共识。在谈判过程中要尽量征得与本国有相似利益的成员的理解、支持和配合，采取协调一致的行动。在 WTO 里，如果是一个成员单独的意见，往往会被忽视而得不到采纳。因此，我们要善于做说服和游说的工作，学会用集体的力量来维护自身的利益。第四，要重视法律工作。WTO 形成的各项决议是各方利益妥协的结果，但最终都要体现到法律条款上。往往某一个词、某一个概念就会对一些成员产生不利影响。比如，什么叫"相似产品"，通过很多的 WTO 历史上的争端解决案例，我们了解到，这个词的含义的确定对争端解决的结果会产生很大的不同。从某种意义上说，WTO 的工作就是"抠字眼"、"拼律师"的工作。因此，我们必须认真地研究 WTO 的条款和案例，重视专家组和上诉机构对一些具体条款和概念的解释，并培养合格的律师，以便在谈判中掌握主动，维护好国家的经济利益。

中国与贸易伙伴的贸易纠纷问题

记者：近来，中国和WTO主要成员的贸易纠纷不断，特别是一些发达成员对中国大量采取反倾销措施和技术性贸易壁垒。您认为中国是否在很近的将来和WTO成员发生贸易纠纷并诉诸争端解决机制呢？

孙振宇：目前，中国已经成为世界上排名第六的贸易大国，随着贸易的发展，贸易纠纷的增加不足为奇。当然，我们应该看到另一面，那就是，世界的贸易保护主义时有抬头，特别是针对正兴起的贸易大国，如对中国不断采取不合理的贸易限制措施，对此我们要开展有理、有利、有节的斗争，包括运用WTO的争端解决机制来维护我们国家的权利。我们加入WTO的一个重要目的就是要利用WTO的争端解决机制以多边方式解决贸易纠纷，制约贸易保护主义。当然，我们并不希望动辄与WTO成员对簿公堂。WTO的争端解决机制的宗旨还是希望各成员通过协商来解决彼此之间的纠纷，交由专家组裁决只是最后的一种手段。而且，在WTO打官司需要有很多专业的人才，这也会增加我们在人力、物力、财力方面的负担。

记者：您刚才提到，我们要运用WTO的争端解决机制来保护我国的权益。但是，中国是不是也有可能成为被告、并且被裁决败诉？

孙振宇：WTO的争端解决机制是一把"双刃剑"，既可以用来保护自己，同时也不能排除成为被告和败诉的可能。我们应当有这种心理准备，要保持平和的心态，特别是在我们对WTO规则还不是完全熟悉的情况下，在我们的体制还在进一步完善的过程当中，被其他成员起诉甚至最终败诉的可能性是存在的。但是，有一点需要说明，WTO的争端解决机制并不是国际法院，它的仲裁机构只是各成员授权它进行独立的判断，其根本的目的是促使各 WTO 成员遵守规则、履行承诺。因此，在 WTO 里被争端解决机制裁决为不符合 WTO 规则，并不一定被认为是一件很丢脸的事情。而在实践中，一些发达成员明明知道会败诉，却往往利用争端解决机制与贸易对手周旋，争取国内政策调整的时间。对于争端解决机制的这一个特点，我们也应有所认识。

记者：您刚才提到的争端解决机制是政府和政府之间在 WTO 里打官司。现在很多企业也深受国外反倾销的危害，那么企业应如何面对呢？

孙振宇：面对我国对外贸易高速发展、国外贸易保护主义时有抬头的形势，广大企业既要有企业发展的战略，同时还要有国际眼光。要善于保护自己。比如，不要在一个时期对某一个市场大幅度增加出口，大幅度降低商品的价格。要有培养长期稳定的市场的意识，创自己品牌的意识，要有自我约束的能力，要自觉地服从中介机构的协调，尽可能避免成为国外反倾销措施的对象。同时，一旦发生了反倾销的案件，要积极地应诉，不要怕打官司。今年来一些企业积极地应诉，赢得了一些反倾销的官司，为广大企业树立了很好的榜样。

悉尼小型部长会议

记者：据了解，您不久前与石广生部长一起到悉尼参加了 WTO 小型部长会议。我们都知道，WTO 的会议一般是在日内瓦，也就是 WTO 总部所在地召开。为什么这次会议是在悉尼举行，而且只有 25 个 WTO 成员的部长参加呢？

孙振宇：自去年世贸组织第四届部长级会议在多哈决定启动新一轮多边贸易谈判以来，谈判进展一直很缓慢。为了推动在日内瓦的谈判取得进展，澳大利亚贸易部长邀请一些成员的部长来悉尼参加非正式小型贸易部长会议，讨论目前所面临的一些问题，希望对谈判做一些推动工作。参加这次会议的有 7 个发达成员，18 个发展中成员，在世贸组织中还是有一定代表性的。但是，这次会议不是 WTO 组织的，也不是一次正式的 WTO 部长级会议，也没有形成什么决议。

记者：这次会议讨论了哪些问题？为什么重点讨论这些问题呢？

孙振宇：这次会议一共讨论了五个方面的问题，第一是与贸易有关的知识产权和公共健康的问题；第二是乌拉圭回合协议的实施以及发展中成员的特殊和差别待遇问题；第三是市场准入问题；第四是 WTO 规则修改等问题；第五是，从现在到明年九月第五届 WTO 部长级会议前，如何推动世贸组织谈判的问题。之所以要在这次小型部长级会议上对这些内容进行重点讨论，特别是前两个议题，是因为根据去年在多哈达成的《部长宣言》，公共健康与特殊和差别待遇两个问题要在 2002 年年底前就拿出解决的办法和建议，而现在期限已临近，时间已经很紧迫了。这两个问题是发展中成员极为关注的问题，如果届时得不到解决，将影响发展中成员参与新一轮谈判的信心。

记者：各方在这些问题上的分歧和共同点是什么？会议讨论有什么结果吗？

孙振宇：关于与贸易有关的知识产权和公共健康，各方都承认：对于缺乏相关药品生产能力的发展中成员，在面临艾滋病等传染病蔓延的公共健康危机情况下，难以按照世贸组织现有知识产权保护的规定解决危机，也无法获得含有高额专利保护费的药品，所以认为应该找出一个解决这些成员获得必需的药品的办法，使其能够维护人民的健康。目前各方的主要分歧在于这个解决办法的方式、范围和程度。比如，应该包括哪些疾病，哪些成员可以使用这一办法，通过什么法律方式确定这一办法。发达成员主张对这一解决办法设定许多限制条件，而发展中成员则认为，应当给予他们足够的灵活性来有效解决其面临的公共健康问题。

关于《乌拉圭回合协议》的实施问题，世贸组织制定了一些规则，规定发展中成员如何享受特殊和差别待遇，但是在现实中存在一些问题。第一，这些规定普遍缺乏约束力；第二，现有的规定没有得到很好实施。发展中成员主张要加强现有条款的约束力，并监督发达成员履行这方面义务的进展。而一些发达国家成员主张对最不发达国家实施特殊和差别待遇毫无问题，而对为数众多的发展中国家需要进行区别或"毕业"制度，而不能笼统地对所有发展中国家都实行特殊和差别待遇。

通过这次小型部长级会议，各方都表达了希望这两个议题如期在年底前解决的意愿。特别是在知识产权和公共健康关系的问题上，各方的分歧有所缩小。这对于 WTO 成员在日内瓦继续进行谈判是一个推动。

中国与新一轮多边谈判

记者：中国是在第四届 WTO 部长级会议也就是多哈会议后成为 WTO 正式成员的，第五届 WTO 部长级会议将在明年 9 月份在墨西哥的坎昆举行。"坎昆会议"为什么重要，它对中国意味着什么呢？

孙振宇：明年 9 月将在墨西哥坎昆召开第五届 WTO 部长级会议，这次会议是新一轮谈判启动以来的第一次部长级会议，将对谈判的各项议题做一个中期审评，并将决定是否启动其他议题，例如，贸易与竞争政策、贸易与投资等议题的谈判。因此，坎昆会议对于新一轮多边贸易谈判能否如期结束并取得平衡的谈判结果至关重要。

记者：您刚才提到的 WTO 新一轮谈判和我国加入世贸组织的谈判有什么不同吗？

孙振宇：我国加入世贸组织谈判是我国作为申请加入方与那些和

我国有重大经济利益关系的成员方进行的谈判，它要谈判的内容是中国在 WTO 里面的权利和义务。而新一轮多边贸易谈判是包括中国在内的所有 WTO 成员为了解决国际贸易面临的新问题而共同制定新的国际规则，进一步推动贸易自由化进程的多边谈判。中国是贸易大国，多边贸易谈判中的各项议题都和我国的经贸利益密切相关，而且参与新一轮谈判是我国作为 WTO 成员的一项重要权利，因此我们需要积极全面地参与新一轮谈判，参与国际规则的制定，维护我国和广大发展中国家的正当权益。

记者：新一轮谈判对我们这么重要，那我国对待新一轮谈判的立场是什么？哪些领域的谈判和我国经济以及社会的发展关系特别重大，是我们要重点关注的呢？

孙振宇：对于 WTO 新一轮谈判，我国的基本立场是：新的多边贸易体制的建立应当有利于建立公平、公正和合理的国际经济新秩序，有利于世界经济的发展和贸易投资便利化，有利于发达国家和发展中国家利益的平衡。因此，各方应当共同努力，充分考虑发展中成员，特别是最不发达成员的关注和利益，并采取切实有效的措施通过新一轮谈判予以解决。乌拉圭回合实施问题的及时妥善解决对恢复和增强发展中成员的谈判信心至关重要，特别是在纺织品和反倾销等问题上，发达成员应拿出谈判诚意，并采取实际行动改善发展中成员的市场准入条件。

新一轮很多领域的谈判都和我国的利益密切相关。第一，农产品谈判，我们希望通过新一轮谈判来推动其他成员降低乃至最终取消农产品补贴，为国际农产品贸易创造更好的环境，也为我国农产品出口创造更加有利的条件。第二，在服务贸易领域，在有些方面，我们有自身的优势，比如，在"自然人移动"，即专业人员的服务方面。我们要通过谈判，扩大我国在这些领域的出口。第三，很多发达成员滥用技术性贸易壁垒，限制我国产品的出口，逃避履行 WTO 的市场准入义务，对我国的贸易利益造成了严重损害。因此，我们强烈要求，新一轮谈判应确定明确的规则，防止发达成员采用技术性壁垒限制从发展中成员的进口。第四，WTO 有关反倾销的规则有很多模糊不清之处，中国和其他发展中成员深受一些发达成员滥用反倾销规则之苦，因此，我们希望通过新一轮谈判更加严格反倾销的纪律，减少发达成员使用反倾销规则的任意性，并给予发展中成员更多的"特殊和差别待遇"。第五，与贸易有关的知识产权和公共健康的问题，我们国家的艾滋病治疗费用很高，我们希望通过新一轮谈判给我们国家的艾滋病治疗提供一个既符合国际惯例，又充分考虑到中国的实际情况的解决办法。对于其他的议题，比如说争端解决机制、环境与贸易，我们也非常关心，也希望通过新一轮谈判使这些问题得到解决和改善。

记者：新一轮谈判已经启动了整整一年，您能对新一轮谈判的前景做一个预测吗？我们国内有关部门需要做些什么呢？

孙振宇：新一轮谈判自启动以来，进展很缓慢，需要各方尤其是发达成员拿出诚意，积极推动谈判的进展。由于新一轮谈判和我国利益密切相关，中国政府对新一轮谈判给予了高度重视，自去年 11 月以来，我国派出了 50 多个谈判小组在日内瓦参加新一轮各项议题的谈判，在一些重点的议题如农业问题上提出了中国的提案，得到了 WTO 成员的重视和广大发展中成员的支持。对于 WTO 正在酝酿之中的一些议题的谈判，我们正会同国内有关部门对中国的利益和关注以及各方立场进行深入分析和论证，在此基础上将尽快提出我国的立场和对策，以便在新一轮谈判中切实维护我国利益。

（《WTO 经济导刊》2002 年第 1 期 新华社记者 梁业倩）

2003 年

分歧悬念前景——谈坎昆会议

在坎昆会议召开之际，中国常驻世贸组织大使孙振宇在日内瓦接受了记者的专访并就坎昆会议和"多哈回合"的诸多焦点问题，表达了自己的看法。

坎昆会议前景不容乐观

记者：按照多哈发展议程制定的时间表，现在距离全面结束新一轮谈判只剩 17 个月，此间舆论普遍认为，"多哈回合"几乎不可能按照预定的时间表结束。您如何看待这个问题？

孙振宇：你说得对。2001 年 11 月在多哈部长会议上发动新一轮谈判目标是在 2005 年 1 月 1 日之前结束，但到目前为止各谈判议题总体进展缓慢。尤其是广大发展中国家普遍关心的问题如特殊和差别待遇、乌拉圭回合协议的执行问题、知识产权和公共健康问题都没有按谈判议程制定的时间表完成。对农业谈判模式、非农产品市场准入模式谈判和争端解决机制谈判也没有按期完成。

目前看来，谈判离达成一揽子协议的目标日期越来越近，按期完成谈判的难度越来越大。当然，如果坎昆部长会议能在一些重要领域取得进展，整个谈判力争在 2005 年 1 月 1 日之前完成的可能性也不能完全排除。

蒙特利尔会议的成果有限

记者：7 月底在蒙特利尔举行的小型部长级会议被认为是推动各

方在坎昆会议前打破谈判僵局的唯一机会，它达到预期目的了吗？

孙振宇：这次小型部长级会议共有美、欧、加、澳、新、中、印度、巴西、南非、肯尼亚等25个成员的部长参加，会议主要就农业谈判、非农产品市场准入和新加坡议题交换了意见。召开小型部长会主要是为各个成员部长提供一个非正式磋商的机会，可以就新一轮谈判的议题无拘束地交换意见，表达自己关注的重点，并听取其他成员的看法，争取在一些问题上形成一定共识，以推动谈判在全体成员的共同参与下取得进展。

由于参会成员在各主要议题上分歧较大，这次蒙特利尔小型部长会的成果有限。部长们在农业谈判模式、非农产品市场准入模式和启动新加坡议题谈判方面远未达成共识，只是在农业谈判方面提出探讨采用瑞士减让公式与乌拉圭回合减让公式相混合的可能性，在其他方面的分歧依然如旧。

今年2月，世贸组织农业谈判委员会主席、香港贸易代表夏秉纯起草了农业谈判减让公式。这个方案提出在未来9年内全面削减出口补贴，在5年内农业进口关税削减40%至60%，在5年内减少60%的让贸易扭曲的国内支持，给予发展中国家的条件要宽松一些。欧盟、日本、瑞士和韩国反对这个方案，美国和"凯恩斯集团"则赞成这个方案。

坎昆会议的每个议题都难以沟通

记者：世贸组织总理事会从8月11日开始在日内瓦举行一系列密集的代表团团长非正式磋商，为坎昆部长会议的召开做准备。效果如何？

孙振宇：根据多哈部长会议的声明，在坎昆部长会上部长们要审议谈判进程情况，对下一步的谈判提供指导。根据目前在日内瓦总理事会非正式磋商的情况看，在坎昆会议上部长们需要处理的重点问题是农业谈判模式（或谈判框架）的确定；非农市场准入谈判模式的确定；发展问题，尤其是知识产权与公共健康问题的决定；以及就新加坡议题的模式能否达成一致从而启动谈判问题做出决定。

从目前的筹备情况看，各方在上述问题上的立场仍相距甚远。最近由欧盟、美国就农业问题提出的新建议，以混合公式代替原农业委员会主席草案中协调公式的内容，建议在农业市场准入、出口竞争、国内支持等 3 个领域均不包括具体的数字，从而只形成一个框架，试图取代含有具体数字的主席模式草案。但是，这个建议遭到包括凯恩斯集团及许多发展中国家在内的代表团的广泛批评。他们认为欧美的建议在取消出口补贴与大幅度削减国内支持方面远不能达到多哈部长授权的水平，在对发展中国家的特殊差别待遇及解决最不发达成员关注的问题方面也远远不够。多数成员均反对以欧盟、美国的新建议作为讨论农业谈判框架的基础。

以巴西、印度和中国为代表的 16 个发展中国家于 8 月 20 日也向世贸组织提交了一份关于全球农业贸易改革的建议。在非农产品市场准入谈判方面，美、欧及加拿大提出一个新建议，对谈判的公式、部门减让等问题提出了对主席案文的修改建议，这个建议也因忽视发展中国家的利益和要求而遭到多数成员的批评，大家仍倾向以主席原模式案文为基础讨论达成一致的可能性。

在知识产权与公共健康问题上，各成员仍保持对美国的压力，要求美国放弃阻挠各成员达成一致的立场，尽快解决非洲及其他发展中国家面临的对各种流行疾病缺医少药的困难。

美国目前在探讨以知识产权委员会主席声明的方式解决美国大医药公司担心的一些国家可能"滥用"协议中规定的权利以谋取商业利益的问题。但目前尚无具体案文，能否在坎昆会议上解决这一问题仍是未知数。

对发展中国家的特殊和差别待遇问题以及乌拉圭回合协议的执行问题，虽然由总理事会主席和总干事分别亲自主持非正式磋商，但至今仍收获甚微，在坎昆会议上能否有一定成果也不能抱过高的期望。新加坡议题将是坎昆会议上各方争论的重要焦点之一。由于对4个议题（投资、竞争政策、政府采购透明度和贸易便利）究竟达成什么样的模式存在严重分歧，一些发展中国家认为新加坡议题根本就不应当纳入谈判，担心谈判的结果只会增加发展中国家的义务，而不会带来多少实际的经济利益。因此在坎昆会议上能否就新加坡议题谈判模式达成一致从而启动谈判是会议的最大悬念之一。

各方在"多哈回合"的立场和分歧

记者："多哈回合"的谈判内容有哪些？各方的立场和主要分歧是什么？

孙振宇：总起来说多哈发展议程谈判涉及3方面问题：第一是发展问题；第二是市场准入问题，如农业、非农产品和服务贸易领域的市场开放，取消各种限制和壁垒的问题；第三是修改和制定规则的问题，如关于反倾销反补贴规则及争端解决机制的规则的修改和完善、对区域自由贸易安排规则的完善、对环境保护以及对可能启动的"新加坡议题"规则的制定。

欧盟是这轮谈判的主要推动者之一，它对环境及"新加坡议题"方面规则的制定极为重视，志在必得，各个领域尤其是非农产品和服务贸易的市场准入也是它力争达到的目标。日本、韩国、瑞士、挪威等国与欧盟的立场比较接近。

美国的重点是在各个领域的市场准入，它特别强调在这方面一定要达到高标准。它在农业补贴方面与欧盟一样是被重点批评的对象，在规则制定方面并不十分积极。但它表示如果在市场准入方面能有大的改善，它可以考虑在农业补贴方面做出改革，并在规则制定方面表现得更为积极。

"凯恩斯集团"认为农业是这一轮谈判的核心议题，在农业问题上如果没有进展，其他议题将不会有什么积极成果。它强调在农业谈判中的三大支柱（即市场准入、出口竞争与国内支持）都要达到高标准。要彻底改变国际农产品贸易严重扭曲的状况，促进国际农产品的公平贸易。

由于美国在市场准入方面与"凯恩斯集团"的观点比较接近，因此"凯恩斯集团"重点抨击的对象是欧盟及日本等补贴严重的发达成员。该集团在其他议题的立场在很大程度上取决于农业谈判的进展情况。

印度、肯尼亚、南非、巴西和中国等发展中成员，关注发展问题及发达国家的农业补贴问题。他们强烈要求改变目前在 WTO 内存在的不平衡状况，要求改变对发展中成员特别是最不发达成员的待遇，对美国阻挠知识产权和公共健康问题的解决提出强烈批评，对欧盟、美国及其他发达国家的巨额农业补贴表示强烈不满，要求在新一轮谈判中认真解决这些问题。如果上述问题得不到妥善处理，很难指望发展中成员在市场准入及环境和新加坡议题问题上做出让步和承诺。

这只是一个非常笼统的概括。其实各成员的立场在不同问题上都有各种差异，各成员都有自己不同的关注焦点和不同的要求，要把 146 个成员的立场都准确无误地说清楚是很难做到的。

（《国际商报》2003 年 9 月 11 日　记者　梁业倩）

WTO 新一轮谈判及中国立场

2003 年 11 月 19 日在上海举行的 WTO 多哈议程法律国际研讨会

上，中国驻世贸组织孙振宇大使向与会者介绍 WTO 新一轮谈判进展看及中国在有关议题方面的立场。

中国加入 WTO 近两年来的表现

经过 15 年得艰苦谈判，中国在 2001 年 12 月 11 日正式成为 WTO 的成员，这不仅是中国经济发展史上的一个重要里程碑，也是世界贸易体制得以加强的重要事件。

现在 WTO 无论是在什么地方召开部长级会议或小型部长会议，不管是在悉尼、东京、蒙特利尔还是在坎昆，都会有成百上千的示威者出现，他们打着反对经济全球化的标语，抗议 WTO 种种不利于发展中国家的规则和做法。

而在中国情况却有所不同。尽管中国加入 WTO 付出了较高的代价，尽管国内一些专家对 WTO 也有种种批评，但总的来说，人们对 WTO 仍持一个积极的态度，希望进一步加强和改善多边贸易体制，同时对新一轮谈判也持积极推动的态度。这是因为，中国人民从他们半个世纪的实践中认识到"闭关自守"的经济政策是没有出路的。正是过去 20 多年的改革开放政策给中国带来经济上的持续增长，进出口贸易的迅速扩大，外国投资的不断流入和人民生活水平的稳定提高。

中国作为一个新成员十分重视履行自己的承诺。从中央政府到地方政府均作了大量工作。清理、修改和完善有关法律法规，使其更加符合 WTO 规则，更加统一透明；按照中国承诺的时间表降低关税和分期分批取消非关税措施；在金融、保险、电信等各个服务贸易领域逐步开放市场；同时加大保护知识产权的执法力度；在全国范围内开展了关于 WTO 规则的宣传和培训工作。可以毫不夸张地说，中国在了解 WTO、学习 WTO 有关规则方面的普及程度不亚于世界上的任何一个国家和 WTO 成员。

在 2002 年 12 月份 WTO 总理事会对中国进行过渡期审议的会议上，许多代表高度赞扬中国在履行承诺方面所做的巨大努力。欧盟大使表示如果所有 WTO 成员政府都作出类似中国一样的努力的话，WTO 可以赢得最受欢迎的国际组织的称号。

加拿大代表对中国代表团在各个委员会和总理事会提供的大量信息和对加拿大代表提出的具体问题的回答表示赞赏。

韩国大使肯定中国忠实于履行其承诺的各项义务，并以全面和合作的态度参加了过度期审议工作。

马来西亚、智利、印度、古巴、乌拉圭、巴基斯坦、泰国等国都对中国的努力给予了充分的肯定。

加拿大驻 WTO 使团马奇大使在私下给中国打了个"A+"的分数。因为他是总理事会的主席，我没有过分宣传这个评分，另一方面我们知道还有不少地方需要继续努力。和许多其他 WTO 成员一样，我们在履行义务方面仍有改进的余地。

在新一轮谈判中中国的立场

中国十分珍惜自己参加新一轮谈判的权利，实际上在中国加入 WTO 之前，在 2001 年上海举行的 APEC 领导人会议上，中国就积极推动新一轮谈判的启动。作为一个新成员，中国在农业谈判、非农产品谈判、服务贸易、争端解决、规则谈判等许多领域都提出了自己的书面建议。

中国积极参加了对发展中国家特殊与差别待遇的谈判、关于执行问题的谈判以及公共健康问题的谈判。中国积极支持发展中国家在这些领域的合理要求。

农业问题作为新一轮谈判的核心问题，中国予以高度重视。中国的立场与"凯恩斯集团"的立场在许多方面都十分相近。"凯恩斯集团"是由澳大利亚、加拿大、新西兰以及马来西亚等十多个发展中国家组成的在农业方面持积极推动立场的集团。这个集团在取消出口补贴、大幅度消减国内支持及开放市场方面对欧盟、日本、韩国、瑞士等成员施加了很大压力。

美国通过国内农业法案后，也积极与"凯恩斯集团"协调立场，共同推动欧盟、日本等成员在农业方面的改革。但在蒙特利尔小型部长会议之后，欧美之间经过谈判，互相作出了妥协，并提出了一个联合建议。这个建议在出口补贴和国内支持（特别是蓝箱）方面大大降低了期望值。同时在给予发展中国家优惠与差别待遇方面没有提出像样的具体建议。在这种情况下，以巴西为首的G16（后来的G20）应运而生，提出了更忠实于多哈部长声明的谈判立场，主张分步取消出口补贴、大幅度消减扭曲贸易的国内支持，取消关税高峰和关税升级，同时对发展中国家的优惠和差别待遇更加具体化，并在坎昆会议期间互相协调了谈判立场。

在新加坡议题的问题上，中国同情和支持以马来西亚、印度为代表的大多数发展中国家的立场，主张应该对四个议题继续进行澄清，而不是立即启动谈判。

在坎昆会议上，4个非洲国家提出的消减对棉花补贴的建议没能妥善处理，使得非洲国家感到失望和愤怒。欧盟在新加坡议题问题上虽然作出了一些让步，提出放弃投资和竞争政策两个议题，但是，这一让步提出得太晚了，因此未能得到其他成员的响应。而农业问题在坎昆并没有真正进行认真的谈判。

尽管坎昆会议的失败对整个新一轮谈判来说是一个挫折，但这并不是世界的末日。中国将一如既往，继续支持谈判早日恢复。我们希望各成员都能从中吸取有益的教训。我们需要在成员之间重新建立信心和增强相互信任，争取在重新恢复谈判之后能更加顺利一些。

积极参与争端解决机制

中国加入WTO之后遇到第一件争端解决的案件是美国的钢铁保障措施案。去年3月，美国宣布对钢铁实施保障措施，对部分钢材进口征收高达30%的关税。这一决定立即在世界范围内引起轩然大波。许多国家立即做出了强烈反映。欧盟、日本、韩国、新西兰、瑞士、挪威、巴西等先后提出与美磋商并提出成立专家组。由于美国的钢铁保障措施对中国的钢铁出口造成重大不利影响，中国也加入了欧盟、日本、韩国等7个成员的行列，提出与美国进行磋商和成立专家组的请求。

2002年7月25日，WTO总干事正式任命了专家组成员。在此之后，中国向WTO秘书处提交书面陈述并派团出席了日内瓦的两次实质性会议，并做了陈述。

2003年7月11日，专家组向WTO成员散发了专家组报告，并认定美国的措施违反了WTO规则。

2003年8月11日，美国对专家组报告提出上诉。

中国通过这一桩钢铁保障案，进一步熟悉了解了WTO争端解决机制的有关规则和程序，积累了一定的经验，为今后处理类似的争端案件奠定了基础。

除了钢铁保障措施案之外，我们还就高地棉花案、轮船补贴案等对中国经济利益有一定影响的案子做了第三方工作。我们希望通过积极参与WTO争端解决机制，对我们的人员进行实地锻炼和学习，为更好地维护中国的经济利益做好充分的准备。

（《国际市场》2004年第2期）

任职九年历程

2004 年

"入世"的真正考验在今后两三年

"中国加入世贸组织已过去两年，这两年的开局不错，但不等于我们从此就可以高枕无忧了，中国入世的真正考验将在今后两三年。"日前，中国首任驻 WTO 大使孙振宇应北大光华管理学院、商务部《WTO 经济导刊》之邀，作了题为"加入 WTO 后的中国"演讲时发表了以上观点。他还预计，2004 年我国的出口增速将放缓，进口会在 2003 年的高基础上再增长。

孙振宇认为，我国的进口在今后两年压力将会非常大。首先，关税大幅降低，加上国内贸易体制改革，三年过渡期一结束，各类企业都将拥有进出口经营权，除个别商品有关税配额以外，只要有利可图外贸企业就可以进口。另外，我国粮食连续两年减产，2004 年国内粮食需求较大，不管国际粮价怎样，粮食进口将有所增长。加上石油还需大量进口，2003 年原油进口可能超过 1 亿吨，2004 年还会更多。其他像钢材、铁矿沙、棉花等商品的进口也会大幅度增长。因此，进口会在 2003 年的高位基础上再增长，很可能出现个别商品进口失控的现象，特别是在国内外出现很大差价的情况下。

入世两年来，我国的出口增速较快，但预计 2004 年将会放慢。他说，从一般规律讲，出口连续以 20—30% 的速度增长到一定时候，其自身也将步入调整期。更何况 2004 年我国的出口退税将平均降低 3 个百分点，这个数字看起来虽然不大，却给企业一个信号，从而可能影响企业扩大出口的积极性。因此，预计企业会在2003年后几个月集中出口，以争取3个百分点的退税率，因此2004年一二月份，出口可能出现同比下降。

另外，出口退税新政策规定，退税款的25%改为地方政府承担，这也将影响地方政府的出口积极性。同时还影响沿海地区到内地去收购出口，因为从内地收购商品的沿海地区企业在本地出口之后，将由该地政府支付25%的退税款，这笔款等于退给内地的厂商但却要由沿海地区来负担，使得沿海地区政府不一定鼓励企业到内地收购，这将打乱过去长期以来形成的供应渠道，从而影响到国外的客户，以致影响到今后的出口格局。

孙振宇还提到，国外贸易保护主义对我国今后出口的负面影响不容忽视。中国现已成为全球反倾销最大的受害国，随着中国出口的进一步增长，一些非关税壁垒如保障措施、配额、卫生检疫等办法也会被广泛运用来限制我国出口。

对于2004年出口可能遇到的这些问题，孙振宇提醒要充分做好思想准备，以避免出现价格猛降、数量大增的无序竞争。他特别告诫国内企业应有忧患意识，必须转变观念和做法，从以量取胜转为以质取胜，做出品牌，做好售后服务，重视提高技术含量，做好长远的打算。

孙振宇还提出，国内应加强预警机制的研究。现有的预警机制要完善，要按照市场的规律管理市场，同时，发挥中介协会在其中的作用。他说，中国加入WTO所担心的局面没有发生，并不意味着从此可以高枕无忧了，更严峻的挑战是在中长期阶段，应对得好，有利于我国改革开放和长远的经济发展；应对不好就可能引发更严重的问题，要充分做好这方面的心理准备和战略准备。

（《中国经济时报》2003年12月5日　记者　朱菲娜）

中欧经贸合作将上新台阶

中国常驻世界贸易组织大使孙振宇5月初在日内瓦接受本报记者采访时表示，欧盟是中国最大的贸易伙伴之一。欧盟扩大之后，由于实施统一的对外关税，新入盟的10国关税总水平将下调约5个百分点，这使我国一些出口产品如钟表、玩具、体育用品、人造首饰等将面临扩大出口的机遇。中欧贸易将由此踏上新台阶，双方贸易与相互投资的总水平将得到提升，中欧经贸合作关系会更加密切。

中国企业要有充分的思想准备

对于欧盟扩大之后对我国企业和产品出口可能会遇到的新市场环境，孙振宇指出，欧盟作为一个高度经济一体化的国家联盟，各成员实行统一的对外关税和外贸政策。欧盟扩大到25国后，我面临着10个新成员部分产品关税的调整；部分农产品、工业品及纺织品实行配额或关税配额限制；原15国实施的反倾销税将适用于10个新成员，同时在技术标准与动植物检疫标准方面将实施原15国的严格标准。这些都将在一定程度上使我企业面临新的挑战。

在关税方面，10个新成员将实施原15国统一对外关税，这意味着10个新成员原来高于15国的关税将降下来，而低于15国的关税要提高到欧盟现有水平，因此，尽管10个新成员总体关税水平将下调，但部分电子及电气产品、轻工及纺织品等在有些新成员国的关税将会上升。初步估算，由于10国调高关税对我出口的影响大约为每年2700万欧元左右。

在配额方面，10个新成员将对我出口的蘑菇罐头、大蒜、红薯干及木薯干实行关税配额限制，同时对我出口的鞋类、陶瓷、陶瓷餐具实行配额限制。尽管今年底欧盟将全部取消对我纺织品出口的配额限制，但从5月份到今年底，10个新成员将对我出口的纺织品设置新的出口配额。这很可能对我向10个新成员的出口产生一定的负面影响。

在反倾销方面，目前欧盟15国对我出口产品实施的反倾销措施达30多项，涉及我10多亿欧元的出口。欧盟扩大后，10个新成员将开始对我上述产品征收反倾销税，这将使我对10个新成员的出口面临障碍。

在技术标准与动植物检疫标准方面，由于10个新成员开始全面实施原15国的严格标准，可能使我国一些原来可以进入10国市场的产品受阻。

孙振宇透露，目前我国政府已向欧委会提出正式启动欧盟扩大补偿谈判，我驻欧盟使团经商处做了大量交涉工作，争取把由于欧盟扩大而引起的负面影响降低到最小程度。但他同时强调，尽管交涉结果会在一定程度上缓解或减轻对我出口的障碍，但中国企业要有充分的思想准备，妥善应对面临的问题与挑战。

中欧双方都希望年中就多哈回合谈判框架达成一致

谈及中国与欧盟在多哈回合谈判中双方立场有何异同时，孙振宇表示，中国与欧盟都对推动新一轮多边贸易谈判持积极态度，双方都希望在今年年中各方能就谈判框架达成一致，为今后的谈判奠定基础。

据介绍，欧盟的共同农业政策每年用于农业出口补贴与国内支持的金额高达500亿欧元，这是本轮谈判各方关注的焦点。

目前欧盟在农业谈判中处于守势，旨在尽量延缓出口补贴取消日期，并强调美国等国所采用的出口信贷、食品援助、国营贸易企业等也要平行进行削减或限制，同时争取在国内支持方面能有较宽松的条件。

孙振宇指出，中国在农业问题上同其他 20 国协调组（G—20）成员持有相同立场。我们主张必须通过本轮谈判结束农产品贸易扭曲的状况，主张逐步取消农产品出口补贴，大幅度削减造成贸易扭曲的国内支持，同时强调对发展中成员要落实特殊和差别待遇，对敏感农产品免于减让，同时允许发展中成员适用农产品特殊保障机制（SSM）。

中国作为新成员，仍然在履行大幅度减让承诺的过程中，应当享受部分商品免于减让或少减让的待遇。

孙振宇介绍说，在非农产品市场准入与服务贸易谈判中，中欧双方在一些问题上存在不少共识，但是在给予发展中成员特殊和差别待遇以及在对发展中成员自然人流动的开放方面，双方立场尚有一定差距。

在新加坡议题问题上，欧盟曾是四个议题的主要要价方，力主启动谈判。但现在其立场有所改变，称自己不再是要价方，也不想为启动新加坡议题谈判付出任何代价。

中方则表示在贸易便利问题上有一定灵活性，支持 WTO 副总干事主持的磋商，争取在 7 月份就模式达成一致从而启动谈判，对其他三个问题赞成搁置起来。

拒绝承认中国市场经济地位毫无道理

对广为关注的欧盟对华市场经济地位谈判的最新进展，孙振宇表示，我国加入 WTO 议定书第 15 条提到，中国在加入 WTO 的 15 年内，企业在受到反倾销调查时必须提供证据证明有关产业和产品的生产在中国具备市场经济条件，否则就按非市场经济对待，以第三国作为替代国裁定是否构成倾销以及倾销幅度大小，这对中国扩大出口造成很大障碍。目前在所有 147 个 WTO 成员中，这种歧视性待遇的适用对象只有中国。事实上，中国 20 多年改革开放的成就举世瞩目，中国社会主义市场经济所带来的巨大变化世所公认。拒绝承认中国的市场经济地位是没有道理的。

孙振宇指出，该问题目前主要从两方面加以应对。一方面通过各种渠道和途径同包括欧盟与美国在内的有关成员进行交涉，争取各成员承认中国的市场经济地位，并放弃适用这一对中国的歧视性条款。中国政府已于去年 6 月向欧盟提出就我市场经济地位问题进行谈判，并提交了相关报告及我各经济领域的相关信息。商务部先后派出代表团同欧委会就此问题进行了技术级磋商并取得了积极进展。目前欧盟方面正就我提供的所有信息进行技术评估，在完成技术评估报告后报欧委会和理事会做出政治决策。

另一方面，我国有关企业已经在反倾销案的诉讼中积极应诉，认真回答有关市场经济方面的问卷，提供相关的信息与证据，证明我国受反倾销调查的产品和产业是在市场经济的条件下运作和生产的。目前已有 22 家企业就 12 项产品在欧盟反倾销调查案中成功地享受了市场经济待遇。在进口国完全视我国为市场经济前，这些企业的成功经验值得学习与借鉴。

孙振宇强调，对企业来说，更主要的是要改变经营理念。长期以来一些企业，特别是一些外贸出口企业把重点放在出口数量和价格上，对以质取胜的战略重视不够，对在提高技术含量，提高附加值上下工夫重视不够，对塑造自己的品牌重视不够，而过多地强调价格竞争优势，其结果是企业之间削价竞争导致进口国的反倾销。只有通过企业真正改变经营理念，加上商会、协会等中介组织得力的协调，才有希望较好地解决反倾销所面临的问题。

孙振宇最后表示，通过政府与企业及社会各界的共同努力，一定能最终解决困扰我国出口的反倾销问题，促进我国同各国和各地区经贸关系的健康发展。

（《国际商报》2004 年 5 月 8 日　记者　曹玖梅）

中国作出了自己的贡献

经过两周的紧密磋商和自 7 月 30 日起连续 40 个小时的昼夜谈判，世贸组织成员终于在 8 月 1 日零点 30 分（当地时间）就多哈回合全球多边贸易谈判的主要议题达成框架协议。中国常驻世贸组织代表孙振宇大使随后接受了新华社记者的采访，详细阐述了框架协议的内容及其与发展中成员、特别是与中国的关系。

孙振宇说，在就农业问题达成的框架协议中，涉及了有关国内支持、出口竞争、市场准入三项内容。在国内支持中，对扭曲贸易的国内支持总水平、国内支持的削减原则及有关标准和纪律做了描述。在出口竞争方面，协议明确规定最终将就取消出口补贴确定一个具体日期，同时在出口信贷、食品援助、国有贸易企业等与出口补贴相关的问题上也制定了相应纪律。在市场准入方面，确定了谈判基本公式的要素，对发达成员和发展中成员的敏感产品如何承担削减关税义务作了规定，并承认发展中成员的特殊产品享受更优惠的待遇。另外农业框架也承诺对最不发达成员和新加入成员的待遇做出相应的灵活安排。

孙振宇说，至于非农产品市场准入框架，基本援引了去年 9 月在坎昆会议上的案文，规定了有关采用非线性公式减让、部门减让、对发展中成员的特殊差别待遇及对非关税措施的处理原则。由于成员对框架内容分歧较大，案文添加了一段文字说明有关内容有待进一步谈判才能最后确定。

孙振宇说，框架决定正式启动贸易便利化谈判，并就谈判模式达成了一致。另外三个新加坡议题由于发展中成员的抵制而被排除在多哈回合！工作方案之外，在本轮中不再进行谈判。

孙振宇认为，在这次框架协议谈判中，发展中成员既有得也有失，结果比预期的略好一些。这次框架谈判的成功之处，在于发达成员承诺其农产品出口补贴最终将确定一个取消日期，同时把所有扭曲贸易的国内支持在初期削减20%。这是发展中成员取得的一个不小的胜利。但与此同时，美国在下一阶段有可能获准调整国内支持的某些措施，从而避免其实际削减的义务。当然，有些措施的调整将减轻其对贸易扭曲的程度，因此也有积极的一面。在发展中成员的特殊差别待遇方面，协议涉及敏感产品和特殊产品可享受优惠待遇，以及对微量许可、出口补贴、国有贸易企业等实行差别待遇的问题。

总之，这个框架对发展中成员来说虽然谈不上满意，但总体来看还不错。这也是广大发展中成员团结一致，共同奋斗的结果。

孙振宇最后表示，商务部部长助理易小准率领由农业部、财政部、发改委、海关总署和常驻世贸团等单位代表组成的中国代表团出席了本次谈判。中国谈判代表团与广大发展中成员协调合作，互相支持，积极捍卫发展中成员的利益，维护中国的经济利益，同时与发达成员进行了有益的意见交流，在谈判中发挥了积极、建设性作用。

作为一个发展中成员，中国与广大发展中成员有许多共同之处，捍卫发展中成员的利益，也就是捍卫中国的利益。同时，中国又有一些特殊的利益关注。在谈判中，经过代表团据理力争，中国关注的国有贸易企业纪律、微量许可优惠待遇、特殊产品优惠待遇以及新成员待遇等问题在框架中都得到了体现，这为在下一阶段谈判更好地维护中国的经济利益打下了一定基础。与此同时，中国与其他成员密切配合，在非农产品市场准入谈判与贸易便利模式谈判中表现出一定的灵活性，并就发展问题达成了一致，为维护发展中成员的团结作出了贡献。

（《中国国门时报》2004 年 8 月 3 日　记者　李洁）

回归到公平竞争——谈纺织品和服装配额取消问题

从 2005 年 1 月 1 日起，世界贸易组织成员间的纺织品和服装进口配额将全部取消。中国常驻世贸组织代表孙振宇大使日前就有关问题回答了新华社记者的提问。

发展中国家多年奋斗的成果

记者：10 月 1 日世贸组织货物贸易理事会将审议纺织品与服装协议（ATC）执行情况，您对此有何评论？

孙振宇：根据乌拉圭回合达成的纺织品协议，部分发达成员所保留的纺织品进口配额经过 10 年过渡，将于 2005 年 1 月 1 日全部取消。这是国际贸易中具有重大意义的事件，它表明，纺织品和服装贸易终于回归到鼓励公平竞争的正常状态。这是广大发展中国家多年奋斗的成果。

长期以来，旧的纺织品配额制严重制约了发展中国家发挥比较优势，背离了世贸组织自由贸易的根本原则。我们注意到，美国、欧盟、加拿大等已正式表明将在明年 1 月 1 日取消所有纺织品和服装进口配额。同时我们也注意到，美国、欧盟的一些相关利益集团纷纷向其政府施加影响，试图通过各种贸易保护措施限制从中国的进口。因此，我们必须对保障措施、反倾销、反补贴等贸易保护行为保持高度警惕，以免纺织品和服装贸易自由化的成果大打折扣。

反对贸易保护措施

记者：中国对美国、欧盟等发达成员可能采取贸易保护措施持什么立场？

孙振宇：中国政府坚持反对美国、欧盟等发达成员试图利用贸易保护主义措施制约中国纺织品和服装的出口。纺织品贸易一体化有利于多边贸易体制的健全运作，有利于全球纺织品贸易的健康、可持续发展，有利于资源在全球范围内的有效配置，有利于全球纺织业的技术改造和结构调整，有利于为全球消费者提供更多价廉物美的纺织品。

如果美国、欧盟等发达成员试图以各种贸易保护主义措施取代配额限制，其做法将与世贸组织自由贸易原则背道而驰，会严重影响世贸组织成员以及中国同美欧在其他各个领域的广泛合作，对新一轮贸易谈判及中国履行入世承诺也将产生负面影响。

不应夸大配额取消后可能出现的问题

记者：中国对取消纺织品配额之后部分发展中国家所面临的困境有什么看法？

孙振宇：我们注意到部分发展中国家所表达的关注，对此中国表示理解。目前，一些机构发表的研究报告对配额取消后的前景作出各种预测，但由于所使用的产品分类、数据和参数存在问题或不足，一些预测夸大了可能出现的问题。

就中国而言，尽管中国纺织品出口总体有所增长，但 2003 年中国出口到欧盟的纺织品，158 个类别中有 47 个类别出口下降；对美国出口共 167 个类别，其中 49 个类别出口下降。而同期，不少发展中国家在一些纺织品类别上对美欧出口在增长。因此，某些研究报告根据推测得出的结论并不符合实际情况。

根据国际纺织品服装高的报告，在1990年到2002年间，全球纺织品贸易额年均增长3.2%，服装贸易年均增长5.3%。根据这个增长速度粗略计算，12年后纺织品和服装贸易总额将从目前的3530亿美元增至5960亿美元。根据这项实际上较为保守的报告（因为它未把配额全部取消的积极影响考虑在内），即使一些国家在国际纺织品市场上的份额可能有所减少，但由于贸易总量不断扩大，它们的出口绝对量不一定下降，因此未必会蒙受多大损失。

即便某些国家的纺织品和服装贸易在配额取消后的初期可能出现下降，我们也必须看到，其根本原因首先是欧美等发达成员一直在故意拖延配额制的取消。这些发达国家在与发展中国家谈判时，往往只答应给对方3至5年的过渡期，而它们自己取消纺织品配额则要了10年过渡期。在这10年过渡期中，它们又将7成以上的配额（大多是敏感紧俏类）保留到最后一年才取消。此外，在10年过渡期内，欧美采取了以面料为条件给予纺织品出口国优惠待遇等一系列限制性贸易政策。所有这些，不仅严重影响了欧美自身产业结构的调整，也严重影响了部分发展中国家出口产业结构的调整。

任何一项国际贸易协议的达成，都会引起相关成员内部经济的调整，并为此付出一定代价。当然这种代价可能会在其他领域得到补偿。过去是这样，今后也会如此。中国加入世贸组织谈判的结果，对中国来说涉及方方面面的调整，中国为此付出了巨大的代价。中国得到的报偿之一，就是享受纺织品贸易协议的权利，这是中国决定加入世贸组织时考虑的重要因素之一。

即便在纺织行业，中国同样以极大的勇气面对结构调整的压力。

中国的纺织和服装出口企业主要是经过调整、经过设备技术更新的企业，多数是外商投资企业或民营企业。我们相信，许多发展中国家能从中国的经历中得到一些启示。

中国支持发展中国家提高竞争力

记者：一些发展中国家面临的困难应该如何解决？

孙振宇：我想可以通过多种途径。一，要求欧美等进口国进一步改善原产地规则，使这些发展中国家特别是最不发达国家可以充分享受其优惠待遇。二，发达国家的纺织品关税高峰和关税升级应当大幅度降低。三，通过增加国际货币基金组织和世界银行的优惠贷款使发展中国家解决结构调整与发展生产所需的资金及其他资源。四，鼓励发达国家及有能力的发展中国家扩大在这些国家的投资，特别是在纺织品与服装领域的投资。

记者：中国在这些方面能做哪些工作？

孙振宇：如果我们应对得当，中国无疑将是纺织品配额取消的受益者之一。由于主要进口国长期以来对中国纺织品出口实施最严格的配额限制，严重影响了中国比较优势的发挥，一旦取消配额，中国纺织品出口出现一定幅度的增长是预料之中的。

但中国出口的增长受到许多条件的制约，包括原材料和能源的短缺，中国纺织品原有的低成本优势正在减弱，以及发达国家贸易保护主义措施的影响等。中国纺织业的发展目标是通过推动产品结构升级，逐步提高产品档次和附加值，通过加大研发力度，增强设计能力，向满足中高档消费群体发展。

中国市场对别国的纺织品是开放的。2004年，中国纺织品服装平均进口税率为12.9%，大大低于国际纺织品关税的平均水平。同时，中国纺织品与服装进口也没有任何配额许可等限制性措施。中国将一如既往，不断努力扩大从发展中国家的纺织品进口。

中国政府一向积极支持纺织企业到国外投资，特别是在发展中国家投资，扩大与发展中国家在投资、技术、人员培训等方面的合作。截至 2004 年 6 月，我国企业已在境外设立了 110 余家纺织服装生产加工企业，给东道国带来了良好的经济和社会效益。中国政府鼓励这些企业在配额取消后，继续保持与当地的合作，帮助当地提升产业竞争力。

最后，我们将全力支持最不发达国家以及严重依赖纺织品出口的发展中国家的合理要求，敦促美欧等发达国家改善对原产地规则所设的各种条件，使它们能更好地享受优惠待遇，并敦促国际货币基金组织、世界银行及其他相关国际组织采取有效措施帮助它们调整结构，发展生产，提高纺织品的出口竞争力。

（《国际商报》2004 年 9 月 30 日　记者　李洁）

如何应对反倾销——我国企业首要避免竞相压价出口

中国出口企业近年来频频遭受国外反倾销调查，并常在应诉中处于不利地位，这一问题已引起各方的严重关注。中国常驻世界贸易组织代表孙振宇大使最近在日内瓦接受新华社记者采访时，就中国政府和企业应如何积极应对国外反倾销调查作了详细阐述。

反倾销调查涉及中国产品占总数的 1/7 左右

孙振宇说，自 1979 年 8 月欧洲共同体（欧盟的前身）对中国产品发起第一起反倾销调查起，到今年 5 月底累计有 34 个国家或地区对中国产品发起了 573 起反倾销调查，仅 2003 年就有 49 起，是数量最多的一年。根据世界贸易组织的统计，自该组织1995年成立以来至2003年底，成员方反倾销立案共2416起，其中涉及中国产品的调查共356起，占总数的1/7左右。

政府将加强应诉指导在谈到应对国外反倾销调查的对策时，孙振宇说，中国已经初步形成政府（包括中央、地方政府）、驻外经商机构、企业、商会和行业协会协调工作的四体联动机制。近几年的实践证明，该机制对提高企业应诉的积极性、改变以往不利的应诉结果发挥了重要作用。

在"四体联动"机制中，政府将继续加强对企业应诉的指导，加大涉及重大原则问题的对外谈判交涉力度，重点放在国外对中国产品不公平、不公正、歧视性的政策和调查行为上，通过完善可行、有效且符合世贸组织规则的激励机制，进一步提高企业应诉的积极性。

交涉将制度化定期化，驻外经商机构将密切关注驻在国对中国产品发起反倾销的动态，充分发挥信息及时的优势，通过迅速有效的反倾销信息通报工作，实现预警信息的有效传递和应诉工作的快速启动，同时在案件发生后加强与驻在国调查机关的交涉工作，针对重点国家加大交涉力度，形成交涉的制度化和定期化。

避免简单的价格战

涉案企业是反倾销应诉的主体。孙振宇指出，企业可以通过自身努力来减少反倾销案件发生的可能性。首先，企业在出口经营中应遵循一定的规范，加强行业自律，避免竞相压价出口的局面；其次，提高产品质量，增强品牌意识，通过提升产品内在附加值来强化出口优势，避免简单的价格战；第三，加强自我保护意识，不断提高对出口产品预警信息的敏感度，合理调整出口规模和价格水平。

积极应诉

孙振宇认为，面对反倾销调查，涉案企业必须主动积极应诉。另外，企业在积极聘请律师应诉的同时，要及时将企业和所在行业在调查中遭遇到的不公正待遇向政府主管部门反映，配合政府做好对外交涉工作，进一步维护自身合法权益，争取较好的案件处理结果。此外，商会和行业协会是组织协调应诉工作的核心，应通过加强行业自律来限制各种破坏出口秩序的行为。

（《新华网》2004 年 6 月 30 日　记者　李洁）

为发展中国家团结做贡献

WTO 新一轮农业谈判是乌拉圭回合农业谈判的继续，在这一轮谈判中究竟解决了哪些问题？我国作为一个新成员国在谈判中有哪些收获及感受？为此，记者走访了我国常驻 WTO 大使孙振宇。

记者：如何理解框架谈判？

孙振宇：多哈回合谈判框架是根据 2001 年 WTO 多哈部长会议声明的精神，各成员经过艰苦的谈判达成的一套原则的协议，涉及多哈回合中的农业、非农产品市场准入、发展问题、服务贸易以及贸易便利化谈判等多项内容。所谓框架是指达成的协议中只涉及今后谈判的指导原则，而没有多少具体数字，各成员可以通过框架大体明确今后谈判的内容与方向，为进一步谈判具体模式奠定了基础。

另外农业框架对最不发达国家、新加入成员待遇也承诺将做出相应的灵活安排。关于非农产品市场准入框架基本援引了去年九月在坎昆会议上的案文，规定了有关采用非线性公式减让、部门减让、对发展中国家的特殊差别待遇及对非关税措施的处理原则。由于成员对框架内容分歧较大，最终结果通过一段文字说明有关内容有待进一步谈判才能最后确定。框架决定对贸易便利谈判正式启动，并就谈判模式达成了一致。另外三个新加坡议题由于发展中国家的抵制而被排除到多哈回合工作方案之外，在本轮中不再进行谈判。

框架还就发展问题及如何处理发展中国家的特殊差别待遇及解决乌拉圭回合遗留下来的发达国家与发展中国家的利益严重失衡问题做了一些决定。另外，框架对服务贸易谈判、规则谈判、知识产权谈判与环境谈判地分别做了简要的表述。

记者：发展中国家在框架谈判中得失如何？

孙振宇：在框架谈判中，发展中国家既有所得，也有所失，结果比预期的略好一些。这轮谈判重点在农业，农业重点又在于大幅度削减发达国家扭曲贸易的国内支持和取消出口补贴，同时大幅度削减发达国家的关税高峰与关税升级，并争取发展中国家的特殊差别待遇。

这次框架谈判的成功之处在于发达国家承诺其出口补贴最终将确定一个取消日期，同时在所有扭曲贸易的国内支持在初期削减20%，这是发展中国家取得的一个不小的胜利。

但与此同时，美国将在下一阶段有可能得到使用"新蓝箱"的权利，这样可以通过把"黄箱"项下的国内支持改到"新蓝箱"项下支付，从而避免其实际削减的义务。当然，有些措施从黄箱到新蓝箱，其对贸易扭曲的程度有所减轻，因此也有其积极面。

欧盟和瑞士等发达国家得到对其"敏感产品"的优惠处理，使其可以避免对关税高峰的大幅度降低。在发展中国家的特殊差别待遇方面涉及了对"敏感产品""特殊产品"可享受优惠待遇，对微量许可、出口补贴、国营贸易企业等方面的差别待遇。

总之，这个框架对发展中国家来说虽然谈不上令人满意，但从总体上来看还是个不错的协议。这也是广大发展中国家团结一致，共同奋斗的结果。

记者：中国在谈判中的得失与表现如何？

孙振宇：由商务部易小准部长助理率领的中国谈判代表团出席了谈判。代表团由农业部、财政部、发改委、海关总署和常驻世贸团等单位代表组成。中国谈判代表团与广大发展中成员协调合作，互相支持，相互呼应，积极捍卫发展中国家的利益，维护我国的经济利益，同时与发达成员进行了有益的意见交流，在谈判中发挥了积极、建设性作用。

作为一个发展中成员，中国与广大发展中国家有许多共同之处，捍卫发展中国家的利益，也就捍卫了我国的利益。同时，我国又有一些特殊的利益关注。在谈判中，经过代表团据理力争，在我国关注的国营贸易企业纪律、微量许可优惠待遇、"特殊产品"优惠待遇以及新成员待遇问题上在框架中都得到了体现，这为下一个阶段谈判更好地维护我国的经济利益打下了一定基础。与此同时，我们与其他成员密切配合，在非农产品市场准入谈判与贸易便利模式谈判中表现出一定灵活性，并就发展问题达成了一致，为维护发展中国家的团结做出了贡献。

这次谈判对中国谈判代表团全体成员来说是一个极好的锻炼机会，从中得到许多有益的启示，积累了一定的经验。作为一个新成员，我们将一如既往，为加强与完善多边贸易体制而努力，同时需要与广大发展中成员站在一起，为继续维护发展中国家的共同利益而奋斗。

（《农民日报》2004 年 9 月 15 日　记者　毛小瑞）

WTO 新一轮谈判与中国"入世"后面临的新问题

最近,应中国社科院世经政所国际经济论坛邀请,我国驻 WTO 大使孙振宇到该所做关于《WTO 新一轮谈判与中国"入世"》为主题的报告。其主要内容:一是 WTO 新一轮谈判的情况;二是中国"入世"后面临的一些新问题。

一、关于 WTO 新一轮谈判的情况

在 WTO 新一轮谈判中,发达国家和发展中国家的斗争一直很激烈。由于各方在农业和新加坡等议题上互不相让,导致了坎昆会议的失败,使原计划于 2004 年底结束的新一轮谈判的目标难以实现。为了使谈判得以继续,今年以来各方经过多次讨价还价,最后互相做了一些让步,直到 7 月底的日内瓦会议结束前才终于达成了框架协议。框架协议主要就简单的原则问题达成一致,许多具有实质内容的具体问题留待下一阶段解决。

在日内瓦谈判中,涉及的议题十分广泛。本次谈判的重点是围绕进一步的贸易自由化,主要包括农业、非农业和服务业等领域;同时涉及一些规则的制定问题,包括反倾销、争端解决机制、知识产权和新加坡议题(只涉及贸易便利化)等。

1. 新一轮谈判的主要内容

本轮谈判的焦点仍然是农业问题。实际上,农业和服务业在多哈回合之前就已经开始谈判。在农业谈判中,各方的立场非常清楚:防守的一方主要是欧盟和日本等发达成员,进攻的一方主要是"凯恩斯集团",包括澳大利亚、新西兰等国和一些发展中国家。"凯恩斯集团"成立以来长期同欧盟斗争,要求他们取消补贴和大幅度削减国内支持。

但是，农业补贴问题一直没有得到解决，主要原因是由于WTO规则都是发达国家制定的，因此他们对农业和纺织品等比较弱的产业进行补贴和采取各种保护措施，而对于他们具有竞争力的产品则大力推动自由化。

在农业市场准入谈判中，中国、美国和欧盟等都提出自己的关税减让公式，原农业委员会主席夏秉纯提出了减让公式建议，但遭到欧盟和美国等成员反对，此后他们提出了混合公式：对部分产品采取瑞士公式，即关税越高，削减幅度越大；另一部分采用乌拉圭公式，即按照算术平均削减。以巴西为首的20国集团协调组（G20）对欧美的联合建议提出批评，要求按照分层公式来处理，并提出一整套要求取消出口补贴和大幅削减国内支持的方案。

关于非农产品问题，欧美等发达国家要求进一步削减工业品进口关税，但是发展中国家有所保留。发展中国家提出下调关税的幅度是发达国家降幅的一个百分比，希望发达国家多降，发展中国家少降，以体现对发展中国家的特殊和差别待遇。

谈判的另一个重要内容就是新加坡议题，包括投资、竞争政策、政府采购透明度和贸易便利4个议题。这些议题由欧盟、日本等发达成员提出，但遭到发展中国家的反对，因为这些议题将有可能使发展中国家的国内政策受到影响。最后双方均做出了让步，同意只启动贸易便利化问题的谈判，其他3个问题则从多哈谈判议程中撤下。

2. 发达国家和发展中国家的相互让步

日内瓦框架协议的达成是各方让步和妥协的结果。美国和欧盟的让步主要包括：（1）答应设定一个取消出口补贴的期限，但在出口信贷、食品援助和国营贸易方面也同步加严纪律；（2）答应初期农业补贴削减 20%,以后分期分批削减;(3) 答应给发展中国家一定的特殊和差别待遇,包括出口补贴、国内支持的削减、敏感产品、特殊产品、关税削减幅度与实施期限等方面。发展中国家的让步主要包括:(1) 同意给"新蓝箱政策"重新定义,具体内容留待今后谈判确定;(2) 对发达国家的"敏感产品"在降低关税上予以一定灵活性;(3) 在非农产品减税公式上同意采用非线性公式,今后再作进一步讨论;(4) 新加坡议题中只讨论贸易便利化,其他 3 个议题不再列入多哈回合讨论范围。贸易便利谈判主要涉及 GATT 的 5 条、8 条和 10 条,主要是通关、收费和透明度问题,并强调给予发展中国家技术援助和差别待遇。

3. 中国的立场

中国在本轮谈判中作为发展中的一员,站在发展中国家的立场上要求发达国家取消农业出口补贴和减少国内支持,并给予发展中国家特殊和差别待遇。同时,由于我国作为新成员之一,在一些问题上已经作出了比较高的承诺,例如服务业的开放,比其他发展中国家高出了许多,因此在新一轮关于服务业的谈判中很难再作出更多的实质性减让;在关税的减让方面,我国提出了"关注新成员"的问题,希望给予新成员较低的减让幅度与更长的实施期。另外,还提出了"国营企业"问题,要求对发展中国家国营企业要有特殊待遇。对于"新成员"问题,美国和欧盟最后答应"通过具体的灵活条款来解决",基本满足我国要求,但具体条款尚需在今后谈判中落实。对于我国关注的"国营企业"问题,欧盟和美国最后同意"保证粮食安全的国营企业"可以考虑给予特殊考虑。

4. 谈判的主导权问题

欧美在谈判中仍发挥着关键作用。这与 WTO 的谈判机制,即"协商一致"有很重要的关系,"协商一致"原则意味着只要没有成员反对协议就通过。由于美国和欧盟可以通过他们在联合国、国际货币基金组织和世界银行等国际组织以及对各国国内政治和经济的作用施加影响,使得以往很少有哪一个国家敢在大会上公开反对他们的主张。因此,只要美国和欧盟坚持,协议最后大体可以通过。中国加入 WTO 之后,新形成的发展中国家集团如 G20 等也发挥了一定的作用,在框架协议谈判中,迫使美国和欧盟也做了一些让步。事实表明:尽管发展中国家的声音越来越强,但是美欧主导谈判的局面目前还难以从根本上得到改变。

5. 新一轮谈判的前景

框架协议的签定为下一步谈判提供了讨论基础。但是,该框架协议只是原则性的,并不涉及实质内容,很多问题还需要继续谈判,今后的谈判还会遇到很多的困难。原定于 2004 年底结束的谈判已不可能按期完成。由于美国大选和欧盟国家谈判代表换届等原因,估计 2005 年底之前最多只能就农业问题达成一致,争取 2006 年完成谈判。

二、中国"入世"后面临的问题

1. 市场经济地位的问题

中国"入世"议定书第 15 条规定:在反倾销过程中,中国企业需要证明该产品属于市场经济条件下生产的,否则可以采用第三国标准来对中国产品判定是

孙振宇解析 WTO 香港会议

否构成倾销以及倾销的幅度。这是一个歧视性条款，对我国产品反倾销很不利。目前，国际上没有任何一个国际组织有一整套的客观标准来衡量市场经济地位。只有美国、欧盟以及加拿大、韩国等有国内标准。美国标准强调劳工标准、外商投资自由度和汇率等问题；而欧盟则注重会计核算标准和破产法是否在企业中运用。美国和欧盟不承认已是世贸成员的中国为市场经济国家，却承认尚未成为世贸成员的俄罗斯为市场经济国家。这实际上更多的是出于政治上的原因。因此，我们必须对美国和欧盟施加一定的压力。对于反倾销较多的国家，重点是要求他们放弃以 15 条为由对我国产品的反倾销，在遇到反倾销案件时应逐个去应付。

2. 特保问题

中国"入世"议定书第 16 条对特殊保障作了具体规定：如果一个国家从中国大量进口对其国内市场产生"市场干扰"或威胁（而不是"损害"），就可以对中国实施特殊保障措施，提高进口关税或者制定配额。该条款有效期长达 12 年。这也是一条具有歧视性的条款，与 WTO 原则相悖，对我国出口非常不利。近 3 年来，美国、欧盟、印度、波兰、土耳其、秘鲁和日本等很多成员都曾威胁使用特保条款，但经过交涉，至今还没有一个国家对我国运用特保条款。但是，在这个问题上我国今后还将面临困难。

3. 争端解决机制

这是 WTO 的核心，被誉为 WTO 的皇冠，正是由于这个机制能发挥重要作用，发达国家才希望把一些与 WTO 无关的内容（如知识产权、环境问题等）放到 WTO 来谈。利用该机制解决争端，对我国是一个学习的机会。例如，在 2002 年我国和欧盟等 8 个国家联合起诉美国对其钢铁实行保障措施违反了 WTO 规则的过程中，我国向欧盟学习了如何打官司的经验。同时，我们还应该积极以第三方身份参与争端解决(目前我国参与了 19 个案件)，这样可以了解到更多的情况，表达我们的意见，通过参与提高我国解决争端的能力。

4.“泛 WTO 化”问题

对于一些发达国家指责我们入世承诺做得不够的问题，要进行具体分析。首先是我国做了哪些承诺，其次是他们提的问题是否属于 WTO 的范围。例如汇率问题，首先这不是 WTO 范围内的问题，另外我们也没有做任何承诺。因此，我们要防止有些国家把问题“泛 WTO 化”。今后我们制定政策时，要注意搞清哪些是 WTO 规则不允许的，避免授人以柄。此外，我国今后可能面临的新问题还有：纺织品限制问题、WTO 对中国的贸易政策审议等。

(《中国社会科学院院报》2004 年 11 月 11 日　潘金娥)

2005 年

解析 WTO 香港会议：将更务实焦点在农业

韩国釜山 APEC 为下月在香港举行的 WTO 部长级会议提前"热身"，21 个成员的领导人和贸易部长在釜山谈论的最多的就是 WTO 多哈发展议程谈判。为推动香港会议取得成功，一扫 2003 年墨西哥坎昆部长会议全面失败给世贸组织带来的阴霾，各国贸易部长在 APEC 会议期间保持了高密度的双边或多边接触，相互"探听"谈判底线。

WTO 总干事拉米从日内瓦赶到釜山，他在会议期间频繁会见各国贸易部长，为香港会议作最后游说。中国驻 WTO 大使孙振宇在 APEC 上接受本报记者专访，回答了世贸组织多哈谈判、中国谈判立场等问题，并对香港会议前景进行预测。

香港会议将更务实

记者：WTO 谈判进入今年后又出现停滞迹象，请您预测一下香港会议的成败？

孙振宇：2003 年墨西哥坎昆部长会议无果而终导致了 WTO 的重大挫折，因为原定在会上要敲定的谈判框架，结果却完全没有定下来。香港会议是否能够成功，关键取决于各成员希望在会议上达到什么目标。

在坎昆会议过去近一年之后，WTO 在去年 7 月才达成了框架协议，此后谈判又陷于停顿。今年 7 月起各方加紧谈判，希望在月底形成一个"协议初稿"，大连举行的小型部长会也朝此目标做了推动，但最终"协议初稿"还是没有达成。从10月起,各主要谈判方为在香港会议上达成主要议题的"全面模式"开始进行密集的谈判,各主要谈判方都拿出了各自的方案,最终没能缩小分歧。11月9日,在日内瓦召开了各成员大使的会议,分析了目前的谈判形势,针对分歧大、时间紧的现实,调整了香港会议的目标。实际上不再坚持达成主要议题的"全面模式",而是希望达成一些"早期收获",如给最不发达国家免关税、免配额的待遇以及下一步谈判的时间表等。如果以这些成果为目标,香港会议获得成功的希望还是有的。

记者:下调香港会议的预期是否意味着多哈回合的总体目标降低了?

孙振宇:不是的。各成员达成的共识是适当地降低对香港会议的期望值,但大家一致认为不能降低整个多哈谈判的雄心。之所以调整香港会议的目标,是为了避免坎昆会议失败的风险。大家都记得,坎昆会议失败后,要重新回到谈判轨道上是一件多么困难和耗费时间的事。因此,在距离香港会议只有二十几天,明显已经不可能达成"全面模式",而把目标适当降低是一种务实的选择。这样,反而使各成员在剩余的时间内放下包袱,继续努力,争取在会议上取得尽可能多的进展。

多哈谈判焦点在农业领域

记者:是什么原因导致了多哈谈判在今年再度出现停滞?

孙振宇:目前,谈判的主要焦点是在农业领域。农业是整个多哈谈判的核心,因为这个领域的贸易扭曲最严重,高关税、高补贴的现象最多,同时,对于很多国家来说也是最敏感的部门。今年10月10日美国提出了一个削减农业国内补贴的方案,虽然里面有不少水分,但毕竟向前迈进了一步。欧盟也相应地提出了一个降低农产品关税的方案，但却由于雄心不足，而受到批评。农业谈判陷于僵局，使得其他领域的谈判，如工业品贸易、服务贸易等领域的谈判也难以取得进展。

记者：中国在多哈谈判中持什么态度？

孙振宇：多哈谈判如果成功，将对世界经济的稳定发展创造一个好的环境，对中国有利，对其他发展中国家也有利。中国作为世贸组织148个成员中的一方，同时也作为一个贸易大国，一直努力在谈判中发挥积极的、建设性作用，支持谈判尽可能地取得成果，同时中国也将根据自身的发展水平，为谈判做出力所能及的贡献。作为发展中国家，中国还希望通过谈判解决国际贸易发展不平衡的现状，特别促进发展中国家有出口利益部门的市场开放，而目前发达国家在这些领域承诺水平比较低，必须通过谈判加以解决。

记者：作为一个发展速度较快的发展中成员，中国在谈判中的"防守"利益和"进攻"利益体现在哪些方面？

孙振宇：和其他任何国家一样，我国在谈判中既有进攻性的利益，也有防守性的利益，两者必须兼顾。比如，在农业方面，我国土地有限，缺水，小规模耕种，大量使用进口化肥，国家对农民的支持有限，这些因素决定了我们很难和农业出口强国竞争，特别是土地密集型的一些产品，如粮食、棉花等。当然，我们也有一些有特色的农产品，比如家禽、水果、蔬菜等劳动力密集型产品是有优势的。在工业品方面，我国一般制成品有比较大的优势，但与此同时，一些高端的制成品就处于劣势。我们在谈判中一方面要促进优势产品的出口；另一方面又要最大限度保护自己的弱势产品。

多哈发展议程所有的谈判都与我们密切相关，任何一个协议对我们国家来说都是影响巨大的，需要我们积极参与。我们在谈判中将尽量争取获得一个平衡的结果，总的目标是和各方一道努力降低高关税和高补贴国家的关税和补贴水平，同时充分考虑到发展中国家的经济脆弱性，使它们得到应有的保护。多哈议程的宗旨就是一方面实现贸易自由化的目标、一方面实现发展的目标。

中国开放程度已经很高

记者：在本轮谈判中，中国最关注服务贸易的哪些领域，这些领域的开放水平如何？

孙振宇：我国的服务贸易整体发展水平还不高，优势部门有限，在海运、旅游、中文教育、计算机服务等服务部门也有一些竞争优势，目前，有些发达国家这方面的市场还没有真正开放，需要通过经济需求测试、实行严格的标准等，使得我们难以进入其市场。我们希望通过谈判促进这些部门的出口。与此同时，我国的金融、电信、专业服务等服务部门处于劣势，而发达国家则希望借助他们的优势进一步进入中国的市场，而我国刚刚经过加入 WTO 的谈判，开放程度已经很大，进一步开放难度很大，我们要在谈判中说服他们理解中国面临的困难。

（《北京青年报》2005 年 11 月 20 日　记者　陆纯、范海涛）

香港会议将为下一阶段谈判提供动力

记者：世界贸易组织香港部长级会议即将在中国香港特别行政区举行。会议前，世界贸易组织各成员为本次会议能够取得进展展开了多轮磋商和谈判，您如何看待本次会议的前景？

孙振宇：自从 2001 年 11 月多哈部长会议正式启动多哈回合谈判

以来，整整四年过去了。各成员在谈判的重要议题，尤其是农业、非农产品和服务贸易领域谈判分歧众多而且难以弥合。经历了 2003 年坎昆部长会议的失败后，各成员在 2004 年 7 月底就农业和非农的基本框架达成了协议，曾一度使很多成员精神为之一振，似乎对最终结束这一轮谈判增强了信心。但是在其后的一年多时间里，各谈判机构涉及的问题更加深入和具体时，尤其是在讨论农业与非农产品建立谈判模式并涉及大量具体数字时，由于直接关系到各方切身经济利益，谈判难度进一步增大。

目前距离香港部长会议仅有一周多的时间，要全面实现原定目标——即达成农业与非农产品的谈判模式，在其他议题上取得实质性进展——已经不大可能。但是由于有坎昆会议失败的前车之鉴，各成员正在尽最大努力保证香港会议不至于完全失败。香港会议期间，部长们将就各谈判议题进行实质性谈判，并尽量争取在一些问题上取得进展。预计会议结束时，将通过部长声明，对取得的进展给予充分肯定，并对下一步谈判工作做出部署，给予政治指导，制定出各议题谈判新的阶段性目标及期限。总之，香港会议不会在多哈回合谈判方面有大的突破，但也不会出现类似坎昆会议那种彻底的失败。香港会议将为下一阶段谈判提供动力，推动谈判取得进展。

记者：你认为目前整个谈判处于胶着状态的主要原因是什么？

孙振宇：由于多哈回合谈判涉及议题很多，要在 148 个成员中就所有议题达成协商一致绝非易事。由于各个成员经济发展水平、利益关注、文化传统、社会理念等差异巨大，各种矛盾交织在一起，很难在短时间内理出头绪。如果以最简单的方式概括谈判僵持的原因的话，似乎可以归纳为以欧、美为代表的发达国家在大幅度削减农业补贴和改善市场准入方面缺乏政治意愿是问题的关键。

农业谈判是这一轮谈判的核心。长期以来美、欧为代表的发达成员对其农业提供巨额补贴，对国际农产品贸易造成严重扭曲，对广大发展中国家利益造成巨大伤害，改变这种不合理状况是广大发展中国家的强烈要求，只有这样才能使发展中国家的农产品有机会在国际市场上公平竞争并能更多地进入发达国家的市场。由于美国受其国内"农业法案"的约束，欧盟受制于内部"共同农业政策"，只有下决心彻底进行农业改革才能满足广大发展中国家的这一要求。但是由于美国和欧盟面临国内和国际各种政治、经济、财金等多方面的影响，尤其在内部贸易保护主义势力抬头的情况下，目前还没有这样的决心。因此，他们采取了软磨硬顶或以攻为守的策略，使谈判难以走出僵局。

记者：在谈判的重要领域中，各成员的主要分歧焦点在哪里？

孙振宇：目前谈判的重点主要集中在四个领域：农业、非农产品、服务贸易和发展问题。

在农业领域主要有三方面内容。在出口竞争方面，广大发展中国家以及重要农产品出口国强烈要求发达国家在谈判结束后3至5年内取消出口补贴，因为出口补贴是对农产品贸易最大的扭曲因素。而欧盟则强调尽管可以接受取消出口补贴的目标，但是在出口信贷、粮食援助和国营贸易企业中的出口补贴因素也应当同步取消。

在国内支持方面，美国建议黄箱（按产量进行直接补贴的方式，被认为是对贸易造成扭曲程度最大的——编者注）削减60%，前提条件是欧盟要削减83%，目前欧盟只接受削减70%。对国内支持总体削减美国建议自己可削减53%，但由于美国承诺国内支持上限水平与实际支出之间差距非常大，一般专家认为，美国只有承诺削减80%左右才能真正达到削减实际支出的目的。美国所提建议的前提条件是其他成员在市场准入方面做出让步。

在市场准入方面，美国要价最高，要求发达国家关税平均削减75%，发展中国家可适当少做减让。欧盟只能接受平均39%的减让，而且要求每层减让公式适当灵活，并允许有8%的敏感产品可以少减让。同时要求美国在国内支持方面，发展中国家在非农产品和服务方面做出让步。以主要发展中国家组成的G20（20国集团）提出了中间方案，要求发达国家关税平均削减54%，发展中国家削减水平为发达国家的2/3，同时特殊产品（SpecialProducts）享有更大的灵活性。

在非农产品领域，对非农产品削减公式方面仍存在较大分歧，许多成员接受用瑞士公式，并倾向为发达国家与发展中国家制定不同的系数。以美、欧、日为代表的发达国家主张两个系数之间差距应尽量小（如发达国家为10，发展中国家为15）；以中国、巴基斯坦为代表的发展中国家主张两个系数之间差距应足够大（如发达国家为6，发展中国家为30）；巴西、印度等国家则主张用ABI公式，该公式将成员现有平均关税水平因素考虑进去，给发展中国家更大的灵活性。

除公式之外，发展中国家坚持享有去年七月达成的《框架协议》中的第八段灵活性。争取部分产品免减或少减。但一些发达国家则认为如果在公式中体现了给发展中国家的灵活性，就不应当再给予第八段中所列的灵活性。

在服务领域：发展中国家坚持以成员出价与要价的方式为主进行谈判，各成员有权根据自己国家经济发展水平自主出价。欧、美等发达国家则主张制定一个多边出价的标准，各成员在开放领域数量和开放水平方面要达到相应的标准。这一建议遭到许多发展中国家的抵制。

在发展领域：发展中国家要求有成效的、可操作的特殊差别待遇除了应当体现在农业、非农产品与服务谈判中之外，还需要对过去遗留下来的不平衡的条款进行改善，对乌拉圭回合协议执行过程中存在的问题也应当切实得到解决。许多发展中国家都希望在香港会议期间能就发展中国家关注的给予最不发达国家免关税免配额待遇、公共健康、棉花问题、贸易援助问题能达成一个一揽子协议以实现早期收获。但个别发达国家态度消极。

记者：中国在这一轮谈判中所持立场和作用如何？

孙振宇：中国作为一个新成员对多哈回合谈判一直持积极态度。我们同广大发展中成员一道致力于大幅度削减发达国家对农产品贸易的扭曲。这是一个关系到世界贸易组织自身的建设与发展方向的大问题。作为一个国际多边贸易组织，应当做到公开、公正、透明，对发达国家长期巨额农业补贴，长期对国际农产品市场价格造成扭曲的做法不能熟视无睹，不能听之任之，不能实行双重标准，这关系到WTO自身的形象与信誉。

鉴于多哈回合是发展回合，对发展中国家面临的现实困难要给予充分的理解与支持，特别是关系到国计民生、农村发展与食品安全的重大领域，必须给予发展中国家足够的时间与灵活性，使他们逐步完成国内有关行业结构调整的任务，以适应新形势。对最不发达国家应当给予他们免于减让的待遇，对新加入成员，必须考虑他们在加入谈判过程中所做的广泛承诺，在谈判中切实解决他们的关注。

中国在多哈回合谈判中与G20其他发展中成员一起发挥了建设性的作用，做出了积极的贡献。G20已成为本轮农业谈判中举足轻重的中坚力量。中国将同G20以及所有WTO其他成员一道，为最终完成本轮谈判，进一步加强和改善多边贸易体制而继续努力。

（《财经》2005 年 12 月 10 日　记者　晓吴）

2006 年

世贸组织成员应以积极和务实态度推进多哈回合谈判

中国常驻世界贸易组织代表孙振宇大使 26 日在接受新华社记者专访时表示，要使多哈回合多边贸易谈判取得成功，世贸组织各成员就必须以积极和务实的态度来推进谈判。

世贸组织总干事拉米 24 日明确表示，由于多哈回合谈判进展缓慢，世贸组织成员在 4 月 30 日之前就农业和非农产品市场准入问题达成初步协议的目标显然已无法实现。农业和非农产品市场准入谈判是多哈回合的关键部分。在去年 12 月举行的世贸组织香港部长级会议上，世贸组织成员确定了在今年 4 月 30 日之前就这一关键部分达成初步协议的目标，以便能够顺利地在今年年底前结束多哈回合谈判。这一目标的错过对多哈回合谈判来说无疑是严重挫折。

孙振宇说，多哈回合谈判再度受挫的原因是多方面的。由于多哈回合谈判涉及的议题非常多，同时世贸组织各成员的经济发展水平和关注重点也存在很大差异，因此谈判涉及的矛盾与分歧错综复杂。如果做一个简单的概括，现阶段要重点处理的问题是平衡农业的国内支持、农业市场准入与工业产品市场准入三者之间的关系。但是，美国、欧盟和发展中成员在这方面的分歧仍非常大。除农业与非农产品谈判之外，各成员在服务、规则、贸易便利、发展等方面也还有许多问题要解决。

他表示，美欧内部的贸易保护主义势力抬头也阻碍了谈判进程。

美国由于今年要举行中期选举，近期不断出台一些与贸易自由化背道而驰的提案。最近布什总统更换了美国贸易代表，这对整个多哈回合谈判进程也难免产生一定的负面影响。欧盟在扩大过程中不断遇到新的挑战，其共同农业政策的进一步改革面临更为复杂的局面。在欧盟内部，一些改革措施的出台、企业的兼并与劳动力的自然流动都遇到一定的阻力。因此，欧盟要在多哈回合谈判方面作出新的承诺绝非易事。

孙振宇认为，多哈回合如果失败，将造成国际贸易环境恶化。他说，香港部长级会议确定的时间表是经过周密考虑的。如果多哈回合谈判不能如期完成，谈判就可能无限期地拖下去，其直接后果将是区域自由贸易安排在更大范围内蔓延，多边贸易体制的最基本原则——最惠国待遇将受到严峻挑战。由于谈判受阻，现有贸易规则难以改善，各成员之间的贸易争端案件可能会明显增多，一些贸易救济措施如反倾销、反补贴、保障措施的使用也会增多，国际贸易环境将有所恶化，这对包括中国在内的多数世贸组织成员将是不利的。

孙振宇认为，世贸组织成员都应积极努力挽救多哈回合谈判。首先，各成员应清醒地认识当前严峻的现实，当局高层应表现出强烈的推动谈判取得进展的政治意愿。其次，各成员在谈判的雄心水平与最后协议涉及的范围问题上要有务实的态度，应在谈判委员会主席参考文本基础上尽快进行以案文为基础的谈判并加快谈判节奏。再次，发达成员尤其是欧美等主要发达成员要做出表率，发挥领导作用，为谈判做出实质性贡献。最后，发展中成员在做出自己贡献的同时要享受相应的特殊差别待遇及灵活性。另外，有关各方要重视成员的普遍参与和谈判的透明度，使每个成员都能充分参与谈判进程。只有上述各条充分得到落实，才有可能在今年年底前完成本轮谈判。

孙振宇还说，中国政府高度重视多哈回合谈判，并为推动谈判进展做出了积极贡献，发挥了建设性作用。作为新成员，中国在农业、非农、服务、贸易便利、争端解决、规则及环境谈判中提出了多项书面建议，受到其他成员的重视与欢迎。今后中国将继续努力，为在今年底完成多哈回合谈判发挥积极的建设性作用。

（《新华网》2006 年 4 月 26 日　记者　杨京德、刘国远）

中国国际服务贸易与多哈回合谈判

谢谢主席先生 / 女士！

感谢商务部和上海市政府给我这样一个机会参加此次论坛，并就中国服务贸易发展和中国参与多哈发展议程服务贸易谈判的有关情况跟大家交换意见。

首先，我对哈拉大使的发言表示赞赏，他是我的朋友，也是服务贸易理事会特会主席，负责服务贸易谈判。他曾经参与过乌拉圭回合谈判并主谈过智利参加的诸多区域和自由贸易协定的谈判，是多边贸易谈判的专家。在 WTO 的会场中，中国和智利是邻居，哈拉大使在 WTO 的发言充满机智与幽默，使 WTO 的讨论因为有他而充满生气。JARA 大使对我们中国代表团的工作也给了了极人的支持，在此我向他表示由衷地感谢。

服务贸易谈判是多哈发展议程谈判的一个重要组成部分，服务贸易的市场准入谈判、农业市场准入谈判和工业品的市场准入谈判并称为本轮多哈发展议程的三大市场准入谈判。服务贸易谈判的进展是否顺利对这一轮多边贸易谈判都将产生重大影响。自 2000 年初正式启动以来，服务贸易谈判经历了制订谈判原则与指导程序、提交谈判建议、提交初步要价和出价的阶段，现在已经进入了提交改进出价阶段。

一、中国在加入 WTO 谈判中做出了高水平的承诺

众所周知，中国在加入 WTO 谈判中在服务贸易领域做出了广泛和深入的承诺。这些承诺与 WTO 成员在乌拉圭回合结束时做出的承诺有所不同。大多数当时的承诺仅仅是约束当时的开放现状，很少有在此基础上再做出进一步开放承诺的。而中国在加入谈判中所做的很多承诺都是在约束了市场开放现状的基础上做出了进一步自由化的承诺。有些部门承诺甚至达到或超过了一些发达成员的开放水平。这些承诺涵盖了《服务贸易总协定》涉及的 12 个服务大类中的 10 个，并且在总共 160 个小类中的 100 个都做了承诺，包括了商业服务、金融、保险、电信、法律、会计、教育、建筑、旅游、运输等主要部门。除银行、电信、寿险和证券等极少数部门外，大多数部门在加入 WTO 的后过渡期均允许外商独资。目前仍有许多成员不允许外资进入或不允许外资控股。截至目前为止，中国已批准设立 200 多家外国银行营业性机构，70 家外资保险营业机构，282 家外资分销企业，147 个外国律师事务所在华代表处，21 家外商投资旅行社，851 个中外合作办学机构和项目。这些外国服务提供者进入中国市场，既扩大了中国服务的进口，也促进了国内相关服务业的发展和监管水平的提高。服务质量显著提高，向顾客提供快捷、便利、安全的服务，受到了广大群众的欢迎。服务业开放带来许多先进的管理经验、管理理念，提高了产品创新能力，也大大促进了服务领域的就业机会。

二、当前服务业面临一些挑战

我国服务业开放总体形势是好的，但同时在一些重要敏感领域中

也面临挑战，需要我们认真对待。

1.尽管今年来中国服务业发展取得长足进展，去年中国服务贸易总额已经超过1300亿美元，但服务业在GDP中所占的比重仍然偏低，只有32%，我们在许多部门竞争力都比较弱，尤其在高科技含量、高附加值领域更是这样，特别在银行、保险、电信、证券、法律等领域中许多当地企业缺乏产品创新能力，人才竞争中处于劣势，存在经营效率不高、效益不好等问题。这就需要有一定时间进行内部结构调整，以适应新的形势。

2.国内相关法律尚不健全，管理滞后，许多相关法律仍在制定或酝酿制定过程中，这也使我们在一些重要敏感领域的进一步开放造成一定困难。

3.中国服务贸易发展不平衡，上海属于发展最快的地区，自由化水平高，而广大中西部地区则相对薄弱，处于起步阶段。

4.在国际服务贸易领域，中国具有比较优势和出口利益的部门不多，只有在一些附加值较低的领域有一定的优势。我们在服务贸易领域开放关注的重点是自然人移动、海运、建筑、中文教学、中医服务、旅游等领域，然而在这些领域一些发达国家市场还没有真正开放，有一些国家通过ENT（经济需求测试）或国籍要求使我们难以进入其市场。

三、中国参与多哈发展议程服务贸易谈判情况

中国于2001年底加入WTO以来，非常积极和认真地参与了多哈发展议程的服务贸易谈判。服务贸易市场准入谈判是在成员之间双方要价与出价的基础上进行的。2002年6月底中国向一些主要贸易伙伴提出了服务贸易要价；2003年8月底提交了服务贸易初步出价，在两个大部门（商业服务、交通运输）做出了新的承诺；并在一些部门和领域进一步改善了现有的承诺，包括取消了海运方面的一项最惠国待

遇例外。这一出价进一步提高中国的对外开放水平，也充分显示了中国参与新一轮多边服务贸易谈判和维护多边贸易体制健康稳定发展的积极姿态。

目前，WTO 成员已经进入提交改进出价的阶段。根据去年七月达成的框架要求，各成员应当于今年 5 月底之前提交改进出价。但是，令 JARA 大使感到失望的是，目前只有加拿大、韩国、智利等少数几个成员按时提交了改进出价。中国正在努力工作，与国内各有关利益方进行积极磋商和协调，争取在近期提交改进出价，在力所能及的范围内做出进一步的开放，为本轮谈判做出自己的贡献。但我需要强调指出的是，作为一个在加入谈判中在服务领域做出了广泛和深入承诺的新成员和服务贸易发展尚处于较低水平的发展中国家，在一些重大敏感领域如银行、保险、证券、电信等方面中国很难进一步做出更高水平的承诺。因此，各界不应对中国的改进出价抱着不切实际的过高期望。当然在其他领域，我们将根据我国改革开放的进程做出力所能及的符合我国经济发展水平的承诺。

中国在积极参与服务贸易市场准入谈判的同时，高度重视服务规则方面的谈判。我们一再强调准入与规则的谈判应当是平行的和平衡的，尤其对发展中国家所关心的国内规章、多边纪律的制定和建立紧急保障机制（ESM）方面应当争取早日取得进展。

四、发展是贯穿多哈回合谈判的主线

这一轮的多边贸易谈判是一个发展回合的谈判，WTO 成员，特别是发展中成员希望通过这一轮谈判来解决多边贸易体制中的不平衡之处，推动发展中国家融入全球经济，使贸易能够真正起到促进发展的作用。这也是"多哈发展议程"的由来。作为一个发展中国家，中国希望各方能够通过积极参与本轮服务贸易谈判，通过谈判解决服务贸易领域的不平衡现状，特别是在发展中国家有出口利益的部门和服务提供方式下承诺水平较低的问题，使多哈回合真正成为名副其实的发展回合。中国将与其他发展中国家一道为此做出不懈努力。

就当前的服务贸易谈判如何体现发展的主题以及如何推动服务贸易谈判在12月份的香港部长级会议前取得积极进展的问题上，中方认为应当在以下几个方面重点做些工作：

1. 各方应尽快提交改进出价和初步出价，并切实提高出价的质量和水平；发达成员首先应当在出价中约束现有开放水平，并在此基础上做出有开放终点的承诺；发展中国家也应在力所能及的情况下，约束现有开放水平，当然也应考虑到发展中国家的服务贸易发展现状和监管能力。

2. 发达成员应该率先垂范，在发展中国家有出口利益的部门和服务提供方式下，如自然人移动、海运、建筑、旅游、医疗、教育等部门和领域，切实提高出价水平，从而解决承诺水平的不平衡问题。

3. 最近在国内规制多边纪律的制定谈判方面出现了一些积极的迹象，各方应当保持这一好的势头，争取在香港部长级会议前拿出一个阶段性成果。我们希望发达成员能够在紧急保障机制的磋商中显示政治意愿，推动谈判走出僵局。

4. 《服务贸易总协定》序言中明确认可成员，特别是发展中成员为实现国家政策目标而对服务部门进行管理的权利，这一点应该在市场准入谈判和规则制订谈判中得到具体体现。在开放哪些部门、开放到什么程度的问题上应当给予发展中成员以适当的政策空间和灵活性，从而达到以贸易促进发展的目的。

感谢主席先生/女士。

（2006年9月21日在"上海国际服务贸易论坛"上的讲话，标题为编者加）

中国 "五年过渡期" 后将面临新挑战

在中国加入世界贸易组织五周年之际，中国常驻世贸组织代表孙振宇大使在接受新华社记者专访时指出，5 年来，中国政府开展了大量艰苦细致的工作，认真履行了加入世贸组织时做出的承诺。他同时表示，中国今后仍将面临更多的新挑战。

孙振宇说，过去 5 年中，中国政府清理了 2000 多项与贸易有关的法律法规，废除了其中 700 多项与世贸组织规则相违背的法律法规，同时对其他相关法律法规做了相应修改，使其与世贸组织规则相一致。他还说，中国工业品的平均关税税率已从加入世贸组织前的 14.8% 降到 2005 年的 9.1%，农产品的平均关税税率从 23.2% 降到了 15.35%。

孙振宇指出，中国完全按照承诺开放了服务贸易市场。中国针对服务贸易 12 个领域中的 9 个做了具体承诺，在 160 个分领域中承诺了 102 个，大大高于一般发展中国家的承诺水平。中国在银行、保险、电信、运输等服务领域均按承诺相应开放了市场。与此同时，中国在知识产权保护方面也做出巨大努力，实际支付的专利费及其他费用每年大幅增加，去年已达到 45 亿美元。

孙振宇说，中国并不否认自己在履行承诺方面仍有改进余地，正如包括美国、欧盟在内的其他所有成员在履行承诺方面都有改进余地一样。但美欧的一些批评实际上超出中国承诺范围，甚至超出了目前正在进行的多哈回合谈判的内容。用超出承诺的标准来衡量中国履行承诺的水平，显然是不公正、片面和不负责任的。

关于中国在 "五年过渡期" 后将面临的新挑战，孙振宇指出，"五年过渡期"是指中国全面履行汽车等个别制造业部门和银行、电信等个别服务业部门的开放承诺所用的时间。过渡期的结束意味着中国的总体开放水平又上了一个新台阶。过渡期结束后，中国在世贸组织所处的地位将更加重要，中国在世界经济中所占的比重以及在国际贸易中所占的比重都会进一步增加。美欧等发达国家以及一些发展中国家会继续把中国的经济发展看作挑战与机遇，因此针对中国的贸易保护主义措施和争端案件可能会进一步增加。

他说，与此同时，在多哈回合谈判中发达国家会进一步要求中国开放市场，中国将面临农业安全、金融安全、能源安全等方面的新挑战。此外，由于多哈回合谈判受阻，许多世贸组织成员纷纷商签双边与区域自由贸易安排。中国因此被排除在许多双边和区域自由贸易区之外，这对中国今后参与国际竞争会产生不利的影响。

孙振宇认为，中国应认真应对"五年过渡期"后面临的新挑战。首先，中国应继续坚定不移地坚持改革开放，认真履行所做的承诺，在世贸组织中继续发挥积极和建设性的作用，积极参与规则的制定，努力争取进一步加强和改善多边贸易体制；其次，要认真应对贸易摩擦，随时准备通过贸易争端解决机制维护自己的合法经济权益；第三，要重视与东盟等地区和国家的自贸区建设；第四，要进一步加强与其他发展中国家的协调和合作，对最不发达国家和其他经济脆弱的贫困国家给予力所能及的援助，帮助其尽快摆脱贫困、发展经济。

关于美欧等国家与中国贸易争端增多的趋势，孙振宇说，中国要重视国际上针对中国出口的贸易保护主义倾向，一方面要注意扩大国内消费、扩大进口，减少与主要贸易伙伴的贸易顺差；另一方面要注意防止企业之间在出口方面的无序竞争，避免为进口国提供反倾销的口实。

孙振宇指出，随着各国关税的不断降低，一些国家、尤其是发达国家依靠严格的技术标准实行贸易保护的倾向日益严重。除政府对外国不科学的技术标准加大交涉力度外，中国企业要及时掌握主要市场在技术标准、卫生标准等方面的要求，不断提高适应能力，只有这样，才能不断提高竞争能力，在国际竞争中立于不败之地。

（《新华网》2006 年 12 月 10 日　新华社记者　刘国远、杨京德）

当前贸易摩擦是中国必须面对的挑战性课题

中国在国际市场的竞争力进一步提高，造成中国外贸存在大量顺差。在此情况下，针对中国的贸易保护措施在一些国家频频出台。中国常驻世贸组织代表团大使孙振宇在日前出版的《人民日报》上撰文指出，如何应对贸易摩擦成为当前中国必须认真对待的挑战性课题。

文章指出，1995 至 2005 年，WTO 各成员发起反倾销调查近 3000起，而针对中国的反倾销调查高达 470 多起，涉及化工、机电、纺织等众多领域，使中国数百亿美元出口商品受到影响，除美国、欧盟是对中国发起反倾销调查最主要的成员外，一些发展中成员如印度、阿根廷、南非、土耳其、墨西哥等也经常对中国产品进行反倾销调查。

文章认为，利用纺织品特限和对一般商品的特保措施，也是一些成员试图阻止中国产品扩大在当地市场销售份额的措施，其中以美、欧在纺织品方面的特限措施最为突出。为期 10 年的《纺织品与服装协定》于 2004 年底到期，从 2005 年 1 月 1 日起，发达国家限制纺织品贸易的配额全部取消。

美、欧借口中国纺织品服装出口激增而启动纺织品特限措施，这种强化贸易保护主义措施的短视行为，使其在多边贸易体系中推动贸易自由化更显得虚伪和软弱无力。他们在贸易领域采取的实用主义措施与双重标准，给他们一贯倡导的经济全球化与自由贸易在发展中国家中打了大折扣，受到普遍质疑。除了发达国家之外，一些发展中国家如土耳其等，也对中国部分纺织品出口采取了特保措施。

文章进一步指出，加入世贸组织5年，中国在WTO贸易争端解决方面涉及的案子有限。其中的重要因素是由于中国是一个新成员，美欧等发达国家在起诉中国方面显示了一定克制态度，同时也与中国政府高度重视其他成员关注的问题、通过磋商和调整相关政策措施并及时化解矛盾有关。例如，2004年美国正式提出就中国集成电路增值税问题进行磋商并启动争端解决程序，欧盟对中国焦炭出口管理体制威胁要诉诸争端解决机制，2005年美国对中国牛皮卡纸反倾销措施决定启动争端解决程序等，都因中国有关部门及时调整政策得以化解。目前仅有一项汽车零部件关税案已正式进入成立专家组阶段。

文章强调，总之，在争端解决领域，中国正式卷入的案件还不算多，这既是好事，也有隐忧。其不足之处在于中国法律专家参与争端解决的实践较少，不利于积累经验。为了弥补这方面缺陷，中国几乎在所有成员之间新近发起的争端案中都作为第三方参与，这样可以更深入地了解目前正在审理中的争端案进展情况，为今后中国可能涉及争端时打下基础。

文章最后指出，针对中国在贸易摩擦方面所面临的挑战，国内各有关部门在反倾销和特殊保障措施方面通过双边与多边途径进行了大量工作与交涉。

一方面以种种事实说明中国经济增长对世界经济的积极推动作用以及中国履行加入世贸组织承诺、进口大幅增长对世界各国经济发展的贡献。

另一方面，从维护多边贸易体制和促进双边经贸合作的大局出发，要求对方慎重、妥善处理贸易摩擦。这些工作与交涉已收到部分效果，但是未来的任务依然繁重，需要投入更多的智慧、时间与精力。

（《中国贸易报》2006 年 12 月 21 日　记者　欣华）

我给中国打"90 分"

从中国外经贸部副部长到驻 WTO 特命全权大使，孙振宇是中国加入 WTO 这 5 年最直接的见证者。曾赴欧学习同声传译，一口流利的英语，从事外贸工作 20 多年，他顺理成章成为中国驻 WTO 首任大使。

那些早年加入 WTO 国家的大使们，经验丰富，纵横自如，已到"玩规则"的程度，而对中国的大使来说，更多的是"学规则"。他带领一支由谈判手、律师、专家等组成的队伍驻守日内瓦，在各贸易国间纵横捭阖，极力斡旋，5 年过去，中国这个新成员，终于在多边贸易体系中开始扮演重要角色。孙振宇说他"肩上的担子非常重，但会全力以赴"。

今年 4 月，中国第一次接受 WTO 的贸易政策审议。参与审议的 100 多位成员为中国的表现打了高分。

近日，身在 WTO 总部日内瓦的孙振宇大使通过电子邮件接受了本报专访，他说："WTO 总干事拉米给中国履行承诺打 A+。我如果打分的话，应当在 90 分以上。"

经济观察报：WTO 定期对其成员履约情况进行审议，如果让您给中国入世五年履行承诺的表现打分的话，您会打多少分？

孙振宇：中国加入 WTO 后履行承诺的情况怎么样，这是 WTO 成员普遍关心的问题。在对中国贸易政策审议过程中，各成员对中国的总体评价是积极的、公正的。加入 WTO 这 5 年，中国政府做了大量工作，认真履行承诺，一方面清理了大量与贸易有关的法律法规，大大提高了政策的透明度；另一方面大幅度降低关税，取消进口配额许可证等非关税措施。当然，与其他 WTO 成员一样，中国的表现也不是尽善尽美的。我们在知识产权保护，以及某些贸易及产业政策方面也还存在一些问题，应当引起我们重视进一步改进，但那些只是枝节问题，不能因此而否定我们履行承诺的总体表现。WTO 总干事拉米在接受记者采访时给中国履行承诺打 A+。我如果打分的话，应当在 90 分以上。

经济观察报：中国入世前，很多人都有一种"狼来了"的感觉，国内很多人担心，中国很多产业，比如汽车、纺织业和制造业都可能面临灭顶之灾。但现在来看，当初担心的情况并没有出现，是当时我们判断错误，还是这中间出现了什么变化？

孙振宇：5 年前一些学者的担心是有原因的。中国加入 WTO 确实付出了一定代价，我们在货物和服务贸易领域做出了广泛的承诺，有一些承诺超出了一些 WTO 成员已有承诺的水平，还接受了一些其他 WTO 成员没有接受的特殊条款。当然我们也保留了应有的权利，包括一些其他成员没有的权利。从过去 5 年的经济与贸易增长势头来看，我们付出一定代价是值得的，中国做出加入 WTO 的决定是正确的。我们当初担心的情况没有发生，这与五年来国际经贸呈现增长的大环境有关，与我国 20 多年来改革开放、国际竞争力大大提高有关。在过去的五年里，全球经济出现持续增长的势头。尽管中国由于大幅度降低关税，进口迅速增长，但中国的出口也同步增长，甚至超过了进口的增长幅度。中国经过 20 多年的改革开放，外资进入带来了先进技术与管理经验，民营企业的发展以及中国劳动力成本的优势大大提高了中国的国际竞争力。

经济观察报：您是中国入世第一任驻 WTO 特命全权大使，从刚进入 WTO 到现在，这 5 年中您的工作有什么变化吗？

孙振宇：5 年来我被问及最多的问题是，中国为什么要加入WTO？中国在 WTO 要发挥什么样的作用？我的回答十分简单：中国经过 20 多年的改革开放，经济快速发展，外贸与利用外资发挥了重要作用。中国需要一个良好的外部环境以保证经济持续发展，人民生活水平持续提高。加入 WTO 可以使我们与贸易伙伴之间的关系保持一种稳定性和可预见性，可以增强相互的信任与信心，有助于企业之间经济合作与贸易的顺利开展。同时，加入 WTO 使我们有机会参与贸易规则的修改与制定，争取在规则中充分反映中国以及其他发展中国家的关注与要求。中国在 WTO 中将发挥积极的、建设性的作用。中国经过 15 年努力最终加入 WTO，我们希望多边贸易体制能够得到不断改善与加强，防止削弱 WTO 在国际贸易中发挥的关键作用。5 年来我们正是在这种思想指导下参与 WTO 工作的。

经济观察报：这 5 年中，对您来说，印象最深的事情是什么？作为大使，您最感到欣慰的事情又是什么？

孙振宇：5 年来，给我印象最深的是，发展中国家在 WTO 中的声音越来越强，在多哈回合谈判中的影响越来越大。从关贸总协定到WTO 几十年的历史中，美、欧一直发挥主导作用。一般来说，各种协议的达成首先是美欧之间取得一致，然后得到其他发达国家认可，最后，通过各种方式与手段使发展中国家接受其协议内容。但在多哈回合谈判中，发展中国家在谈判中显示了强大的影响力。尽管美欧等发达国家在 WTO 谈判中仍起着举足轻重的作用，但没有广大发展中成员的同意，最终也难以达成协议。在香港部长级会议上可以看到一些发展中国家的部长都表现十分出色。发展中国家在 WTO 的声音越来越强，这将对 WTO 今后的发展方向产生重大影响。

作为大使，我最感到欣慰的是中国的快速发展得到国际社会普遍的赞扬与认可，中国作为世界第四大经济体和第三大贸易国，在国际组织中受到人们的尊重。每次在 WTO 重要会议上，只要有中国代表发言，人们总是全神贯注认真倾听。会上总会有一些成员代表与我呼应，会下也经常有代表向我表示支持。我们与 WTO 各代表团之间都保持密切沟通与接触，尽管成员之间不时会因为立场不同争得面红耳赤，但总体工作气氛相当融洽。

经济观察报：在入世后过渡期，您对国内企业有什么样的建议和忠告？

孙振宇：国内企业有必要学习了解 WTO 有关的规则以便更好地维护企业本身的权益，同时，及时向政府主管部门反馈在贸易与经济活动中遇到的问题以及自身的关注与要求，使政府主管部门更具体地了解我国企业的实际关注与需要，以便在 WTO 谈判、例会甚至争端解决中充分反映企业的要求。

近年来，我国企业在国外对我反倾销应诉以及在国内对外国产品倾销提出反倾销调查申请方面都更加积极主动了。这与企业利用 WTO 规则来维护企业利益的意识不断增强有关。除此之外，企业要增强对自身知识产权保护的意识，增加产品"创新"意识，研究如何提高产品技术含量与附加值，改变过去靠低价竞销片面追求出口数量的模式。不断提高自身的适应能力，只有这样，才能不断提高竞争能力，在国际竞争中立于不败之地。

经济观察报：这五年也是"多哈回合"谈判频频启动、又屡屡受挫的5年，您怎样评价中国在WTO多边回合谈判中的表现，中国在其中扮演什么样的角色，中国会是一个领导者，还是一个跟随者？

孙振宇：作为新加入成员，中国积极参与了多哈回合的谈判。

为了推动多哈回合谈判，中国多次应邀出席WTO小型部长会和高官会，薄熙来部长还于2005年7月邀请部分WTO成员部长出席在大连的小型部长会。

在2005年12月香港举行的WTO部长会上，薄熙来部长与其他各国部长共同努力使会议获得成功，确立了2013年取消农业出口补贴的时间表，并对最不发达国家出口产品免关税、免配额待遇做出安排，对棉花出口补贴与国内支持的尽快取消也达成一致意见。中国在谈判中积极、建设性态度得到了WTO成员们的认可和赞扬。

（《经济观察报》2006年12月4日　记者　王廷春）

2007 年

立足多边　开展贸易救济

目前正在进行的多哈回合谈判是多边贸易体系的第九轮谈判，也是 WTO 成立以来发起的首轮谈判。作为其重要内容之一，规则谈判小组项下的反倾销等规则谈判一直广受关注。当前，多哈回合规则谈判的形势和动向如何？我们又应如何从多边角度更好地开展贸易救济工作。值 6 月 25 日"中国反倾销立法与实践十周年国际研讨会"召开之际，本报记者对中国常驻世贸组织大使孙振宇进行了专访。

中国一直是国际反倾销措施的主要目标之一。据 WTO 刚刚公布的数字，2006 年下半年国际新发起的 103 件反倾销调查中，有 36 件是针对中国的，占比约 1/3。因此参与包括反倾销在内的规则谈判对中国利益至关重要。自 2002 年谈判启动以来，中国就成为规则谈判的主要参与方之一，除提交正式提案外，中国还参与了反倾销规则、反补贴规则等所有核心小组的技术级磋商。多哈回合谈判在今年 2 月全面恢复后已进入实质磋商阶段。尽管上周美国、欧盟、印度、巴西 4 国贸易部长在波茨坦举行的谈判破裂，但在日内瓦多边谈判进程仍在继续。目前，多哈回合规则谈判进展如何？

规则谈判各方态度趋明

孙振宇指出，目前各方对规则谈判中主要问题的态度日趋明朗：在日落复审、公共利益问题、反规避、低税原则等重大问题上，各方立场对立鲜明；在立案、国内产业定义、被调查产品、价格承诺等技术性问题上，具体建议的可行性成为争论焦点；在加强透明度和程序公正等程序性问题上，各方总体支持，分歧不大且易于弥合；而对于发展中成员特别关注的特殊和差别待遇问题，由于其政治性较强且在具体规则层面上较难细化和反映，相关讨论相对较少。

谈判中，由韩国、挪威、智利、中国香港等成员组成的"反倾销之友"要求尽可能严格纪律、防止滥用反倾销措施，其主要关注立案标准、引入公共利益条款、实施强制低税原则、强化日落复审机制、增强反倾销调查程序透明度和公平性等问题。而美国则反对对现行协定进行大幅修改，并主张引入反规避规则，甚至在其"归零"做法已被 WTO 争端解决机制判决为不符合 WTO 规则的情况下，最近又提出要修改《反倾销协定》，企图通过谈判使其"归零"的做法合法化。

中国一贯认为，反倾销是维护国际公平贸易的重要法律制度，但不能被滥用，更不能成为贸易保护主义的工具。

《协定》若干概念需澄清

一套公平合理的反倾销规则应当注重平衡进出口各成员以及调查相关各方的权利和义务，并且由严格的纪律和规则来约束。孙振宇认为，规则谈判正是规范做法、严肃纪律、平衡各方利益的一个好时机。应当通过谈判对已造成措施滥用的重要概念和程序规定进行澄清和改进，避免因规则缺陷或缺失成为成员随意实施反倾销措施的借口，对自由贸易造成扭曲。

当然，对于规则的澄清和改进还应当在保留现行协定及其手段和目标的基本概念、原则和有效性的前提下进行。

在谈判中，中国主张应澄清《反倾销协定》中若干重要概念，禁止"背对背"调查，明确禁止"归零"做法，严格复审程序，充实和加强特殊和差别待遇条款等。同时，中国也认为，应当避免因规则过于复杂而给发展中成员在使用这一合理措施保护国内市场时造成过多负担。

加强贸易救济工作

在规则谈判中，中国还面临着许多挑战，如多边谈判经验不够、人手有限、在立法语言和法律传统方面与西方国家有一定差距等。为此，孙振宇强调，在今后的贸易救济工作中，我们应从多边角度着力深入三方面工作：

一是加强对多哈回合规则谈判的研究和多边工作的参与。对现有提案认真梳理，加强与其他发展中成员的沟通和合作，推进反倾销规则的进一步完善。尤其是目前谈判已进入一个较为微妙的阶段，如果近期在农业、非农等核心议题上取得突破，那么规则谈判也要跟进，进入"综合文案"具体文字的谈判阶段。对此，我们应做好充分准备。此外，我们还要继续全面参与 WTO 反倾销措施委员会、补贴与反补贴措施委员会和保障措施委员会的各项工作，包括反倾销制度的完善、积极参与成员立法和措施审议、推进调查问卷的协调性和规范性。

二是加强制度建设，促进中国贸易救济措施的成熟和完善。中国作为 WTO 较年轻的成员，在反倾销调查方面仍缺乏经验，因此与其他成员的经常交流十分必要。中国与韩国已建立了定期交流机制，同欧盟、美国、埃及也初步建立了贸易救济交流机制，这将有助于促进中国贸易救济制度的成熟与完善。

三是大力加强进出口公平贸易人才队伍的培养，特别是要培养懂规则、外语好、有谈判经验的人才。

（《国际商报》2007 年 6 月 28 日　记者　裴玥）

国际反倾销与中国贸易救济措施

很高兴有机会参加这次"中国反倾销实践十周年研讨会",与各位专家和同事就中国贸易救济措施进行讨论。

去年年底正值中国加入 WTO 五周年。回顾这五年,我们既做到了履行承诺、深化改革、开放市场,又能够按照 WTO 规则行事,防范倾销进口对国内产业的冲击,确保了国民经济健康、快速发展,总的情况是可喜的。

今天,利用这个机会,我想向大家简要介绍一下国际反倾销的发展趋势、多哈回合规则谈判的形势,并从多边工作的角度对做好贸易救济工作提几点建议。

一、关于国际反倾销措施的趋势及对中国的影响

反倾销是当前国际贸易中的一个热点问题。根据 WTO 统计,自 1995 年以来,共有 40 多个成员发起过反倾销调查,立案总数超过 3000 件,最终实施反倾销措施超过 2000 件。

当前,国际反倾销案件情况呈现以下几个特点:

一是,反倾销案件数量近年有所下降。2001 年以前,全球反倾销案件数量基本呈上升趋势,但是自 2002 年以来,由于全球经济增长加速,企业经营状况好转等原因,反倾销立案数量连续下降。中国新发起的反倾销案件自 2004 年以来也大幅度下降。据 WTO 统计,中国 2004 年发起 27 件,2005 年 24 件,2006 年 10 件,今年上半年仅 4 件,这充分反应出中国在发起反倾销调查上采取的谨慎与克制态度。

二是,使用反倾销措施的成员相对集中。根据统计,印度、美国、欧盟、阿根廷、南非、澳大利亚、加拿大、中国、巴西和土耳其

等 10 个成员发起的反倾销调查案占 WTO150 个成员反倾销立案总数的四分之三以上。

三是，发展中成员发起反倾销案件数量增长迅速。在 WTO 成立前，反倾销案件的绝大部分均由发达成员发起，特别是美国、欧盟、加拿大和澳大利亚是反倾销措施的主要使用者。WTO 成立后，发展中成员发起的反倾销案件数量迅速增加，目前在全球案件年度数中所占比例已经超过发达成员，在 2005 年超过 70%。印度已经取代美国成为发起反倾销调查最多的国家。目前，全球大约三分之二的反倾销案件是由发展中成员发起的。

四是，反倾销调查针对的目标仍然集中在少数成员。据统计，全球反倾销调查针对的前 8 位目标分别为：中国、韩国、美国、中国台湾、日本、印尼、印度和泰国。

中国仍然是国际反倾销措施针对的主要目标。根据 WTO 最近刚刚公布的数字，在 2006 年下半年新发起的 103 件反倾销调查中，有36 件是针对中国的，近乎占全部案件的三分之一。特别是少数 WTO 成员，不顾客观事实，仍然视中国为非市场经济（NME），在反倾销税率计算中，采用不公正的做法，人为地制造了中国产品倾销的假象，对中企业出口形成了一定的障碍。

二、关于多哈回合规则谈判的形势和动向

目前正在进行的多哈回合谈判是多边贸易体系的第九轮谈判，也是 WTO 成立以来发起的首轮谈判。作为其重要内容之一，规则谈判小组项下的反倾销和补贴纪律的规则谈判一直是大家关注的焦点。

在反倾销规则谈判中，由韩国、挪威、智利、中国香港等成员组成的"反倾销之友"（FANs）要求尽可能加严纪律、防止滥用，其主要关注问题包括严格立案标准、引入公共利益条款、实施强制低税原则、强化日落复审机制、增强反倾销调查程序的透明度和公平性等。而美国则反对对现行协定进行大幅修改，美国还主张引入反规避规则，甚至在其"归零"做法已经被WTO争端解决机制判决为不符合WTO规则的情况下，最近提出要修改《反倾销协定》，试图通过谈判使其"归零"的做法合法化。

如我前面所说，中国一直是国际反倾销措施的主要攻击对象，当然我们也需要使用反倾销措施，因此反倾销谈判对我利益至关重要。因此，自2002年谈判启动以来，中国就成为规则谈判的主要参与方之一，除提交正式提案外，我们还参与了反倾销规则、反补贴规则等所有核心小组的技术级磋商。中国一贯认为，反倾销是维护国际公平贸易的重要法律制度，但不能被滥用，更不能成为贸易保护主义的工具。多哈回合谈判在今年2月全面恢复后已进入实质磋商阶段。各方对规则谈判中主要问题的态度也日趋明朗。在日落复审、公共利益问题、反规避、低税原则等重大问题上，各方立场对立鲜明、矛盾冲突明显；在立案、国内产业定义、被调查产品、价格承诺等技术性问题上，具体建议的可行性成为争论焦点；在加强透明度和程序公正等程序性问题上，各方总体支持，分歧不大且易于弥合；而对于发展中成员特别关注的特殊和差别待遇问题，由于其政治性较强且在具体规则层面上较难细化和反映，相关讨论相对较少。

我们认为，一套公平合理的反倾销规则应当注重平衡进出口各成员以及调查中相关各方的权利和义务，并且由严格的纪律和规则来约束。而规则谈判正是规范做法、严肃纪律、平衡各方利益的一个好时机。应当通过谈判加严反倾销纪律，尤其需要对容易造成措施滥用的重要概念和程序规定进行澄清和改进，避免因规则缺陷或缺失成为成员随意实施反倾销措施的借口，对自由贸易造成扭曲。当然，对于规则的澄清和改进还应当在保留现行协定的目标、基本概念、原则和有效性的前提下进行。

在谈判中，中国主张应澄清《反倾销协定》中若干重要概念，禁止"背对背"调查（Back to back investigations），明确禁止"归零"做法，严格复审程序，取消"非市场经济条款"，充实和加强特殊和差别待遇条款等。同时，中国也认为，应当避免因规则过于复杂而给发展中成员在使用这一合理措施保护国内市场时造成过多的负担。

我们希望在未来的谈判中能推动反倾销规则朝着更加公平、公正、透明、合理的方向发展和进步。

三、关于今后工作的建议

（一）加强对多哈回合规则谈判的研究和多边工作的参与。

多哈回合反倾销规则谈判是迄今为止第四次制定全球反倾销规则的努力，新的反倾销纪律将在未来十几年中对全球反倾销措施的使用产生巨大影响。在规则谈判中，中国还面临着许多挑战，如多边谈判经验不够、人手有限、在立法语言、法律传统方面与西方国家有一定差距等。为此，我们要进一步加强对反倾销规则的研究和分析工作，加强对现有提案的梳理，加强与其他发展中成员的沟通和合作，努力推进反倾销规则的进一步完善和合理化。尤其是目前谈判已经进入了一个较为微妙的阶段，如果近期在农业、非农等核心议题上取得突破，那么规则谈判也要跟进，提出主席起草的"综合案文"（consolidated text），谈判就会进入案文谈判阶段。对此，我们要做好充分准备。

此外，我们还要继续全面参与WTO反倾销措施委员会、补贴与反补贴措施委员会和保障措施委员会的各项工作，包括推动反倾销通报制度的完善、积极参与成员立法和措施审议、推进调查问卷的协调性和规范性、积极开展经验交流等。这方面，我们公平局的同事已经做了较多的工作，取得了较好的成效，希望今后再接再厉。

（二）加强制度建设，促进我国贸易救济措施的成熟和完善。

自 1997 年以来，我国反倾销调查从简单的学习、摸索，到通过制定对外贸易法、反倾销条例和一系列部门规章，初步形成了一套比较完整的反倾销国内法律体系，制定了自己的调查问卷，在国际上也产生了很大影响。目前，在与规则谈判同时进行的关于反倾销问卷专家组的讨论中，把中国问卷作为几个典型问卷之一，与美、欧等反倾销问卷一同比较、分析。这些情况都表明，我们的反倾销调查在制度建设上取得了一定的成就。

中国作为加入 WTO 时间不长的成员，在反倾销调查方面仍缺乏经验，因此与其他成员的经常交流十分必要。我们与韩国已建立了定期交流的机制，同欧盟、美国、埃及也初步建立了贸易救济交流机制，这将有助于促进我国贸易救济制度的成熟与完善。

从长期来看，国际反倾销规则有进一步细化和完善的趋势。我国作为贸易大国，在反倾销攻、防两方面都有实质性利益，应当进一步加强对反倾销规则的研究，进一步细化我立案、调查、裁决、复审等各项程序规则，大力加强制度建设，不断提高反倾销调查的公正性、规范性和严谨性，提高程序的透明度，以便更加公平、公正地实施反倾销措施。

（三）大力加强进出口公平贸易人才培养和队伍建设。

在 WTO 相关的各项工作中，贸易救济措施工作对法律、规则的要求是最高的。进一步做好进出口公平贸易工作，一个很关键的问题就是要培养人才，加强队伍建设。经过多年的积累和储备，目前我们初步建立了一支较有战斗力的队伍，但是距离此项工作的要求还有一定差距，特别是懂规则、外语好、有谈判经验的人才还较为缺乏。目前我们积极推荐专业人员参加 WTO 组织的技术培训项目，参加了在泰国与中国台北举办的反倾销技术培训，同时也邀请 WTO 专家来华咨询。在下一步工作中，我们一方面要大量培养这样的人才，同时还要学会借用社会上、国际上的优秀人才，共同做好贸易救济工作。

(2007年6月25日在"中国反倾销立法与实践十周年国际研讨会"上的讲话，标题为编者加)

知识产权纠纷不会影响中美关系

自美国将中美知识产权争端诉诸 WTO 以来，中美知识产权纠纷越来越引起国际社会高度关注。9 月 25 日，WTO 争端解决机构就中美知识产权争端正式成立了专家组，标志着这一案件已经全面进入法律诉讼阶段，也是 WTO 争端解决机制的核心阶段。日前，记者就该事件的深层原因、中方如何应对以及该事件对中美经贸的影响等问题，专访了中国常驻世贸组织代表孙振宇。

"美挑起知识产权争端不意外"

记者：美国挑起知识产权争端并执意诉诸 WTO 的深层原因是什么？想达到何种目的？

孙振宇：中美之间涉及知识产权的纠纷由来已久。在中国加入 WTO 之前，中美曾就知识产权问题进行过多次双边谈判，并签订了若干关于保护知识产权的谅解备忘录。可以说，知识产权问题一直是中美经贸关系中的重要议题之一。

中国政府一贯重视并不断努力改善对知识产权的保护工作。但是，遗憾的是，美方总是对中国知识产权立法中的个别问题，特别是知识产权执法问题抓住不放。美国在知识产权问题上对中国期望值之高，远远超出中国当前经济发展阶段和发展水平。美方要求中国在知识产权执法方面达到的水准往往是发达国家上百年才达到的水准，这显然是不切实际的。

从更深层原因来看，中美知识产权纠纷也反映了发达国家和发展中国家在知识产权领域的分歧。美国作为世界上最大的发达国家，其经济已经越来越集中于资本和研发高度密集的领域。由于美国具有先发优势，其在许多领域拥有大量专利、商标和版权等无形财产。因此，在国际范围内推进保护知识产权，扩大和加强其知识产权产品的垄断地位，就成为美国开拓国际市场、维护自身商业巨额利润的重要手段。

美国一直扮演着知识产权"国际警察"的角色。中国是世界上最大的发展中国家，市场潜力巨大，是美国在知识产权方面最为关注的国家之一，加上其国内政治的需要，因此美此次就知识产权问题诉诸WTO并不令人感到意外。

"美闭口不谈自身原因不公平"

记者：近年来，除知识产权争端之外，美中之间还有一系列其他争端，包括汽车零部件、工业补贴、出版物市场准入等，如此多的争端说明什么问题？美国频频向我发难的背景和目的是什么？

孙振宇：应当说，贸易争端和纠纷往往伴随国家之间贸易关系发展而来，属于正常现象。在中美经贸往来如此密切的情况下，双方在一些经贸领域产生分歧是难免的，也是可以克服的。

美方频频制造中美贸易摩擦并将争端诉诸WTO有其复杂的国内政治和经济背景。我这里想特别说明的是，美国一些国会议员和一些利益集团对中美经贸关系中的一些问题存在误解或片面认识。中美双边贸易确实有一些不平衡现象，但其中原因很复杂，既有美国高技术产品的出口管制政策、扩张性的财政和货币政策、国内消费有余、储蓄不足等影响，也包括各国（包括美国）向中国转移生产基地，贸易统计差异等因素。但是，美国部分人士却片面地将贸易不平衡归咎于中方，动辄指责中国政府操纵汇率、提供工业补贴、设置贸易壁垒、忽视保护知识产权等，却闭口不谈美方自身的原因，这是不公平的。

我认为，中美经贸关系总体而言是互利互惠的。近年来，中国政府在开放市场，扩大进口方面作出了很大努力。实际上，在美国主要贸易伙伴中，美对华出口增长速度是最快的。此外，美国广大消费者每年由于中国提供的大量物美价廉的产品得到近千亿美元的实惠。事实证明，中美两国不断发展经贸关系，对双方都是有好处的。我希望，中美双方能够在经贸往来不断发展中，逐步解决双方之间的矛盾和分歧。

"中方将充分准备积极抗辩"

记者：WTO 专家组调查知识产权争端的大概程序如何？要用多长时间作出裁决？裁决的结果会对中国造成什么影响？中国应作好什么准备？

孙振宇：9 月 25 日，WTO 争端解决机构就中美知识产权争端正式成立了专家组。从法律程序上而言，下一步诉讼包括几个步骤。首先，中美双方要协商确定专家组的组成，通常需要 20 至 30 天。其次，专家组对案件进行审理，通常要经过两次开庭审理。根据 WTO 规定，专家组应当在 6 个月内（最长不超过 9 个月）提交专家组报告。此后，WTO 争端解决机构应当在 60 天内通过该报告。在此期间，若争端当事方任何一方对专家组报告不满意，可以提出上诉。上诉机构审理应当在两至三个月内完成。最后，WTO 争端解决机构应当在 30 天内通过上诉机构报告。因此，从专家组成立到上诉机构报告的通过一般需要 15 至 18 个月的时间。就本案而言，如果包括上诉审查的话，预计在明年年底、最晚 2009 年年初就可以完成案件的全部审理程序。

我们对中国的知识产权保护制度符合 WTO 规则是有信心的。随着案件进入全面法律诉讼阶段，中方将在法律上进行充分准备，积极进行抗辩。作为一个负责任的成员，中国一贯严格遵守和履行国际法和国际条约的义务。我们也将尊重 WTO 争端解决机构的最终裁决结果。

记者：从长远来看，知识产权纠纷会对中美双边关系，尤其是贸易关系造成怎样的影响？

孙振宇：我个人认为，从长远来看，中美知识产权纠纷不会对中美双边关系产生很大的影响。应当看到，法律诉讼反映了双边经贸关系中存在矛盾和问题，将争端诉诸国际组织裁决，也反映了美国国内政治的需要。从法律程序而言诉诸 WTO 争端解决机制是解决纠纷的重要途径。同时，由于中方对美方的此种做法早有思想准备，而且通过争端解决机制解决问题是中美处理经贸关系趋于成熟的表现，中美双方完全可以在 WTO 框架内解决有关纠纷而避免对双边关系造成伤害。

（《新华网》2007 年 10 月 12 日　记者　陈敏）

中国的形象与责任

非常感谢外交学会和杨文昌会长给我这么一个机会和大家就中国的和平发展与世界经济，特别是经济全球化和贸易问题进行探讨。也很感谢陈健先生，给我二十分钟，我觉得受宠若惊。昨天发改委的杜鹰副主任已经对中国的经济作了一个非常详细的概述，阐述了我们中国和平发展的现状和今后的道路。我想今天谈三个问题：第一，中国在世界经济大家庭中是不是一个负责任的成员，在多边贸易谈判中，是不是认真履行了加入 WTO 的义务。第二，中国在制定规则中，发挥了什么作用，特别是在多哈回合谈判中，中国发挥了什么样的作用。第三，中国怎样妥善处理贸易摩擦的问题。

一、中国在世界经济大家庭中是不是一个负责任的国家，在多边谈判中，是不是认真履行了加入 WTO 的义务

中国加入世贸组织已经六年了，中国是不是很认真地全面地履行了加入 WTO 的承诺呢？应该说这个问题已然有定论，但至今仍有个别 WTO 成员还要提出质疑，认为中国在某些方面还没有完全履行加入 WTO 时的承诺。而实际情况是怎么样呢？我在日内瓦已经工作六年了，亲眼见证了我国各个部门从中央到地方，都是非常地认真，高度地重视我们履行加入 WTO 的承诺。他们所付出的努力，应该说是巨大的。从几个方面来讲：一个方面中国的贸易政策要做到全国统一透明，这就是一个重大的挑战。我们在短短的一两年的时间内，清理了 2000 多件法律法规，其中有 500 多件法律法规被废止了，因为这些法律法规与 WTO 的规则不完全一致。清理和修改法律法规不是一件容易的事情，大家知道在美国改一项法律法规的话，往往需用几年时间，我们在一两年内清理这么多法律法规，应该说这种努力是惊人的、很了不起的，也得到了广大的 WTO 成员充分的认可。第二个方面，从关税的减让方面，我们做了广泛的承诺。我们现在的关税水平从 1992 年的平均 43.2%，降到现在 9.8%，而且是约束在 9.8% 的水平上，我们现在的约束关税和执行关税是同一个水平。我们的工业关税平均 9%，农产品关税平均 15.2%。什么概念呢？现在农产品在世界的平均的约束关税是 62%，而中国是 15.2%。我们的水平比日本和欧盟都要低得多，现在日本的平均关税水平是 44%，欧盟的关税平均水平

是 22%，中国只有 15.2%，作为一个发展中国家很不简单。而且欧盟、日本有大量的农业补贴，在这种情况下，中国作为一个发展中国家把关税降到 15.2%，是对整个世界贸易体制很大的贡献。还有开放市场方面，我到 WTO 六年，我没有听到任何一个成员，挑战中国说所承诺某一项关税没有减，没有任何一个国家挑战。我们百分之百地完成了我们关税减让的承诺，所以我们是很自豪的。在配额方面，我们对进口许可已经完全取消，进口配额现在也已经完全取消，这一点完全按照我们加入 WTO 的承诺做到了。而相反，像美国、欧盟这样重要的成员，纺织品协定 2005 年到期后，他们应该完全取消纺织品的配额，但是就是在 2005 年以后，他们还是通过威胁使用中国加入议定书中的纺织品特保条款迫使我们签订了一些相关协议，继续保留一些纺织品和服装的配额，从这一点上说，他们实际上并没有履行他们在国际纺织品协定中所做的承诺。所以在贸易的自由化方面，中国是感到自豪的，我们是走在贸易自由化的前列的。第三个方面，在服务贸易领域，我们承诺的水平也是大大高于其他发展中国家，在服务贸易 12 个大的领域当中，一共有 160 个分领域，在这 160 个分领域里面，中国承诺 100 项分领域的开放。而一般的发展中国家承诺水平是 30—40 个分领域，其他的发达国家一般是 100—110 个，我们承诺和开放的分领域水平接近发达国家的水平。而且我们是完全按照我们的承诺开放了我们的市场。正是由于中国采取了这么大量的措施，履行我们的承诺，所以这个结果大家也能看出来，通过开放的市场，在过去的六年当中，我们每年进口平均增长都保持很高水平，这就是对整个世界经济与贸易的巨大贡献。当然，我们出口增长也是比较快的，比我们的进口增长速度更高一些。尽管如此，过去五年我们每年进口增长的金额净增 1000 亿美元以上，这么大的进口需求，对整个世界经济的发展做了很大的贡献。当然，我们履行承诺是不是还有可以改善的地方？当然世界上没有任何事情是完美无缺的，我相信还是有不少需要改善的地方。比如说知识产权领域，在执法方面，还有一些需要改进的地方，当然这是很复杂的问题，而且也超出了中国承诺的范围。今后在执法方面我们要加大力度。再有，我们有些通报还不够及时，当然通报不及时不是中国一家的问题，很多成员包括发达国家的有些通报也是很不及时的。但是这些问题我们还是要重视。从中国来说，我们要认真履行承诺并不断改进我们的工作，这对我们国内的改革开放也是推动。我国各个相关部门对这个事情，都是很重视的。所以，由于中国的努力，在 WTO，中国认真全面地履行承诺得到广大成员的认可，三任 WTO 总干事麦克·穆尔、素帕猜和拉米先生都充分肯定了中国所做的巨大的努力，所取得的成绩。而且拉米给中国的表现打了高分，给中国 A+ 的评价，我想没有比这个更高的分数了。我没有听到任何成员挑战拉米先生的评分。从这个角度讲，中国是非常负责任的国家，在履行承诺方面，我们尽了最大努力。

二、在新一轮谈判中，中国是不是积极参与了多哈回合谈判，是不是积极地参与国际规则的制定，还是采取了消极的无所谓的态度

对这个问题，外界也有一些评论，认为中国在多哈回合谈判中态度不太积极。实际上，中国政府高度重视多边贸易谈判，十分珍惜在制定国际规则方面的机会与权力。在多哈回合谈判中积极参与，从首都到前方，我们花了大量的人力、物力、财力投入到多哈回合谈判。多哈回合谈判是当前人们关注的一个焦点问题，谈了六年没有一个结果，处于一个僵持的状态，什么原因？就是因为发达国家和发展中国家追求的目标有很大差异。发展中国家在这一轮中所追求的是要求发达国家取消农产品的出口补贴，大量削减发达国家对农产品的国内支

持。因为DECD这些国家对农产品的补贴每年达到3000多亿美元，这个巨额补贴对发展中国家造成了巨大的不公平。因为发展中国家能出口的绝大多数产品主要是农产品，发达国家对农产品的补贴，使得发展中国家的农产品在国际市场的竞争上处于一个不利的地位。而且国内的市场也被发达国家农产品所占有，致使发展中国家很难发展他们的农业，对于改善他们的农民的生活造成很大困难。所以我们把这个回合谈判称为发展回合，发展中国家最关切的就是发达国家农业补贴大量的削减。同时发展中国家本身开放农产品市场应该有一个特殊和差别的待遇，不能一味要求发展中国家降低农产品关税，因为发达国家在很长时间内将保留巨额的农业补贴，在这个不公平的竞争面前，应该给发展中国家更大的政策空间。发达国家在这一回合中所要求的目标是市场准入，就是农产品、工业产品和服务贸易三大领域的市场准入，所谓要创造"新的贸易流"。由于这两个追求目标不一样，所以造成僵持阶段，当然还有其他的原因，规则谈判、争端解决、环境问题、贸易便利、还有很多问题。但是主要的问题是农产品和工业产品的谈判中存在重大分歧。在WTO谈判中，政治版图有所改变，过去在谈判过程中，在过去八轮谈判当中，只要美国和欧盟大体达成协议以后，就不难最终迫使发展中国家接受这个结果，这也是造成过去八轮谈判、特别是乌拉圭回合谈判遗留下来的这种不平衡的状况的一个重要原因。那么现在由于中国的加入，发展中国家的力量更加强大了。另外巴西和印度在GATT和WTO中一向是发展中国家的领袖，在贸易谈判中，加上中国、南非、印度尼西亚、阿根廷，这些大的发展中国家团结一致大大加强了谈判的地位。所以现在虽然美国和欧盟在多哈回合谈判中大体上有了一个默契，有一个一致的意见，但是还需要继续和发展中国家谈判，而现在发展中国家的发言权和影响力已大大提高。到今年的十一月底，农业产品和工业产品的谈判要出新的草案，在这个新的草案基础上，大家再作一次努力，如果在年底之前能够取得突破，那么多哈回合就算有望早日完成。但对年底取得突破，大家普遍不太看好。如果不能取得突破，可能谈判要延续到明年三、四月份，三、四月份能够取得突破也是一个好的结果。过了四月份，美国大选达到高潮了，如果仍达不成协议，多哈回合要大大地推后，可能推迟两年、三年都很难说。所以我们希望多哈回合最好今年年底就能取得突破，最迟也不要拖过明年四月份，这样对多边贸易体制是一个比较好的结果。中国在多哈谈判中态度积极，从一开始就和巴西、印度同属于发展中国家组成的谈判组织，这个谈判组织不是只会说 NO。而是提出了许多具体建议。这些建议多属于中间道路，不是走极端。我们是争取与美欧之间达成一定的妥协，所以农业谈判主席的案文中采取了我们很多意见，整个发展中国家还是发挥了很积极的作用。而且中国在大连举行了 2005 年 WTO 小型部长会，大约 30 多个国家部长参加，讨论如何推动多哈谈判。在 2005 年底，在香港举行的 WTO 部长会上，中国也发挥了重要的建设性作用，使得在香港的部长会上取得了多哈回合谈判的阶段性成果，决定了发达国家的出口补贴到 2013 年全部取消，而且发达国家要对最不发达国家的 97% 的产品提供免关税、免配额的待遇。中国在香港的会议上发挥了积极建设性作用。同时在农业和非农谈判主席的案文中，中国在发展中国家中最早表态支持把这两个主席案文作为谈判的基础，这对推动谈判也起到一定作用。总体上说，中国在 WTO 谈判中，采取了很积极的态度，我们很珍惜参加多边谈判制定规则这样一个权力，而且通过谈判培养了各个议题上的谈判专家，包括从国内各个部委派来的谈判人员和我们前方的谈判人员组成一个专业化谈判队伍，水平不断提高，参与能力也在不断提高。当然我们还是有很大差距的，在 WTO 中国毕竟还是新成员，今后还有许多需要改进的地方。总体上说我们就是要积极地参与谈判和规则制订并和其他发展中国家一起使得 WTO 能够更加强大并成为一个公平、普惠、共赢的组织。

三、中国如何妥善地处理贸易摩擦问题

中国加入 WTO 后，摩擦越来越多，人们对此不理解。加入 WTO 应该使我们的外部环境得到改善。但中国入世后，针对我国的反倾销也还是有很大的增加的。中国是各国反倾销的主要目标。从 WTO 成立以来，大约有 3000 多件反倾销案，中国占了四分之一还要多一些。原因是：由于中国、印度这样的发展中国家的经济不断发展，出口竞争能力不断提高，使得其他国家有恐惧感，使得有些国家的贸易保护主义情绪滋生。特别是中国同美国、欧盟有很大的贸易顺差，是造成反倾销增加的一个重要原因。最近的一个动向，美国和加拿大等国使用反倾销同时应用反补贴，是一个新的动向。过去，美国是对非市场经济国家只使用反倾销，是不用反补贴的。但现在改变了过去的做法，对来自中国同样的产品在不承认中国市场经济地位的情况下既使用反倾销，又进行反补贴。今后很多产品在美国既要面临反倾销，又要面临反补贴的问题。我们如何妥善处理贸易摩擦问题，从中国整个经济贸易发展来看，我们还是积累了一定经验，特别是在反倾销方面。在反倾销的应诉方面我们积累了不少有益的经验，帮助企业在很多案子上赢得胜诉。反补贴，主要是由政府来应诉，需要重新积累经验。另外，还有争端解决，要不断培养自己的人，来应对争端解决。因为我们已经有了这样的经验、这样的队伍，应对贸易摩擦我们还是有信心的。第二点是我不相信欧美等国家会毫无节制不断地给我们制造贸易摩擦。因为随着世界经济的全球化，你中有我，我中有你，经济上是相互依存的，很多的美国公司和欧洲公司在中国都有投资，往往对中国采取措施以后，受害的少不了他们自己的公司。所以他们不得不有所节制。在这一点上，我还是有信心的，不相信会失控，因为失控对中国不好，对美国、欧盟都不好，是个双输的结果。第三点，中国的经济发展不会因为贸易摩擦而影响其和平发展道路，毕竟贸易摩擦影响的只是一小部分。中国整体经济的发展也不会因为这些摩擦而遭受重挫。中国只能因为自身路线、方针问题，假如我们采取的政策失误，才会造成我们整个和平发展受到挫折。来自外部的贸易摩擦最多只能伤及皮毛。另外，即使在美国，随着贸易保护主义的升温，还是有很多人主张自由贸易，主张自由贸易的人大有人在。前一段，我看到一位美国哥伦比亚大学教授 Bhagwati 在金融时报上发表文章，对美国的贸易保护主义提出批评。他说，"舒默参议员我很熟悉，他过去是 JAPAN BASHER（敲打日本），后来是 INDIAN BASHER（敲打印度），现在是 CHINA BASHER（敲打中国），而我本身不会打棒球，但我懂得一点棒球的规则，AFTER THREE STRIKES。 HE SHOULD BE OUT。（三次击球不中应当出局。）"美国和欧盟内部的贸易保护主义倾向不会长期占上风，其内部主张自由贸易的力量还是比较强的。所以总体而言，在国际安全没有受到重大威胁的情况下，不必对在贸易领域的摩擦过多担心。即使在美国、欧盟、日本等盟国之间，他们的贸易摩擦也不断。那么我们在 WTO 框架下，利用规则妥善处理贸易摩擦，是一种成熟的表现，也是处理国家间经贸关系成熟的表现。当然我们也不能小看它，我们应该在战略上藐视它，在战术上重视它，认真处理好每一个摩擦，这样为我们的和平发展创造一个良好的经济环境。谢谢！

（2007 年在"中国和平发展与和谐世界"国际研讨会上的讲话）

2008 年

中国影响力在 WTO 版图上日益显现

6 年前的此时，在出任首任中国驻世贸组织代表团代表、特命全权大使之际，孙振宇大使曾对记者表示：作为一个负责任的大国，中国将在促进世界多边贸易体系建设方面与其他世贸组织成员一道努力，通过交流和沟通，增进相互理解，努力达成共识，把世贸组织真正建设成为一个公平、公正、透明的世界多边贸易体系。时隔 6 年，中国在世贸组织中的地位与作用如何？多边贸易体制今后发展前景如何？记者带着这些问题对孙振宇大使进行了专访。

记者：作为中国常驻世贸组织代表团的首位特命全权大使，您的经历中一定有许多值得特别回味的故事。请您给我们的读者讲一两件您任职期间印象最深刻的事。

孙振宇：2005 年 7 月在大连举办的 WTO 小型部长会是一个高潮，是我国在加入 WTO 以后参与规则制定、推动多哈谈判发挥显著作用的一个标志性会议。这次会议可以说是在 WTO 小型部长会历史上非常成功的一次会议。当时的 WTO 总干事素帕猜、参会的许多发达国家、发展中国家的代表都对此评价很高。在这次会上，中国发挥了重要作用，尤其对农业和非农领域的谈判贡献很大。与会者提出了一些新的概念，如发达国家、发展中国家用不同的系数来削减补贴、用瑞士公式来削减关税、对于没有封顶的关税用增加值来削减。中国在这次会上对多哈回合谈判起了推动作用。

2005 年 12 月在香港举行的 WTO 部长会是非常成功的，是多哈回合谈判取得的阶段性成果。会议取得了一些实质性进展，如发达国家在 2013 年取消出口补贴；加速解决发展中国家关注的棉花问题；给最不发达国家免配额、免关税待遇等。香港会议的成功来之不易。由于韩国农民代表团在会场外游行表达对农业问题的特殊关切，给会议本身及香港政府造成了一定的威胁，香港 WTO 部长会面临无果而终的困境。在这种情况下，时任商务部部长薄熙来发挥了很大的作用，最终促成了会议成果的达成。以致于香港会议成为 WTO 历史上一次成功会议的代名词。

另一件具有纪念意义的事情，就是中国推荐张月姣女士成功当选 WTO 上诉机构成员，这是中国第一次有专家入选 WTO 上诉机构，体现了中国参与 WTO 工作的深入，也是中国对多边贸易体制的贡献。

记者：多哈回合谈判已经进行了 6 年，目前到了关键时刻，各方力促在年内达成协议，但也有人抱着悲观的态度。您认为多哈回合谈判前景如何？

孙振宇：多哈回合谈判从 2002 年开始，一波三折。谈判进展非常曲折的原因在于发达国家与发展中国家的力量对比发生了变化，他们的基本目标和相关利益也存在分歧。

去年 6 月，四国波茨坦谈判破裂。自此，大家普遍有一种悲观情绪。因为 7 月份，美国国会贸易授权到期，同美国展开谈判就没有实质意义。

尽管如此，各成员都没有放弃努力。去年 7 月，农业谈判、非农谈判的案文出来后，各方的积极性更强了，案文中的许多内容已被接受。美国、欧盟、巴西、日本等都派出了高级别代表参与，节奏也明显加快。一般每年 1 月底才恢复谈判，而今年 1 月 3 日就开始了。但是仍有许多分歧有待弥合，所以估计即使谈判能够完成也要等到年底。而美国大选在即，给谈判增加了难度。

总体来说，多哈回合谈判并不乐观，但仍有可能取得突破。要做好充分准备。

记者：目前国际贸易保护主义有抬头的趋势，您认为应采取那些措施来抵御贸易保护主义，推动全球范围内贸易进一步开放？

孙振宇：近年来，贸易摩擦有增多的趋势，比如针对中国的反倾销占整个发起反倾销的1/3，比例已经相当高了。这实际上是中国经济在高速发展过程中一个很正常的现象。我们对待来自别国的贸易保护主义，应该在战略上藐视它，在战术上重视它。从总体战略上讲，应该意识到，在全球经济一体化的今天，贸易摩擦即便是在美、欧等盟国相互之间也是不可避免的。我们应以平常心来看待，同时避免将贸易问题政治化。

但是，在具体工作中，我们又要认真对待，逐步摸索出一整套有效应对贸易摩擦的方案，并培养出一支专家队伍。在这个过程中，需要政府、企业、商会和协会共同合作。在应对反倾销、反补贴、争端解决等贸易摩擦案中，我们取得了一些成绩和经验。总之，我们尊重WTO规则，积极参与，同时改进自己的工作。争端解决的过程，有时也是磋商的过程，通过磋商努力来化解摩擦。作为世贸组织中的重要一员，我们应学习规则、掌握规则、化解摩擦。

记者：有一种说法认为多边贸易体制与区域贸易自由化之间的关系是互补的，也有人认为是抵触的。您认为应如何妥善处理多边主义与区域主义的关系？

孙振宇：在WTO有两种观点，不同成员侧重点不同：一种看法是区域贸易安排是对WTO的一种侵蚀，因为在区域贸易安排下，不适用最惠国待遇，对于其他成员易形成贸易歧视。而且不同的自由贸易区的原产地规则都不同，增加了工作量和管理成本；另一种看法是区域贸易安排是对 WTO 的一种补充，因为前者承诺更高水平的开放。

对于中国这样一个贸易大国来讲，我们应该更加支持推动和发展多边贸易体制。一个完善的多边贸易体制可以为我们的发展提供良好的外部环境。但是其他许多国家都在搞区域贸易安排、自由贸易协定，我们如果不做，就容易被边缘化，处于不利的竞争地位。所以总体来说，我们应全力支持多边贸易体制，同时在区域贸易安排方面做一些努力。

记者：在全球服务贸易迅猛发展的今天，您认为发展中国家应如何利用发展服务贸易的机遇，促进国内经济发展？

孙振宇：服务贸易发展是非常有潜力的，对中国来讲，服务贸易应为经济发展发挥更大的作用。发达国家的服务贸易占经济总量的70% 以上，而我国服务贸易在经济总量中所占的比重约为40%，甚至低于发展中国家的平均水平，所以我国的服务贸易有很多发展余地。在国际贸易保护主义抬头的环境下，制成品贸易发展会遭遇更多瓶颈。而服务贸易却有很多优势：行业众多、可以解决大量就业、有利于环保和可持续发展。

对于中国来讲，发展服务贸易可以从两方面着手：一方面是进一步开放。当然加入 WTO 以后，我国服务贸易开放的水平已经相当高了。但是还是有进一步开放的余地；另一方面是要求发达国家更开放。发达国家虽然承诺对于服务贸易开放水平较高，但是每个部门开放的水平并不一样，如要求资质审核、经济需求测试等各种限制。所以在这一轮谈判中，我们还要要求发达国家进一步开放服务贸易市场。

记者：今年是多边贸易体制问世 60 周年，您认为这 60 年最大的经验和教训是什么？

孙振宇：从关贸总协定到 WTO，多边贸易体制问世 60 周年来，对世界贸易的贡献还是很大的。对发展中国家而言，有了这个多边贸易组织和没有这个多边贸易组织，情形大不一样。尤其对一些经济实力不强大的国家，如果没有多边贸易体制，一切靠双边解决，会处于劣势。多边贸易体制对大国可以有一定约束。

然而，另一方面，条款中某些内容还是倾向于发达国家利益，存在着不平衡性。对发展中国家来说，有些口惠而实不至。所以，WTO 中的规则制定还应有许多改进的余地，应更多地关注发展中国家的诉求。

（《国际商报》2008 年 1 月 18 日　记者　梁懿娴）

改革开放是世界上史无前例的工程

近日，中国常驻世贸组织特命全权大使、常驻代表孙振宇接受了中国网记者的特别专访。孙振宇大使与记者一起回顾了中国入世 6 年来的历程以及中国履行世贸协定承诺的情况，并且就中国多边贸易谈判的原则、中国企业应对贸易摩擦的方式以及"中国制造"在国际市场中所扮演的角色等热点问题回答了记者的提问。

在谈到中国对外开放市场问题时，孙振宇大使说，中国的改革开放将是一个连续的、不断深化的进程。关于其进度的最终决定因素，他认为关键是看是否符合我们自身发展的需要，是否有利于我们按照科学发展观的要求，全面推进我国经济社会在各方面的可持续发展。

从过去 20 多年的经验来看，我国改革开放是世界历史上一项史无前例、极其复杂的工程，是一个新的伟大的革命，它涉及到中国经济社会发展的方方面面，对世界经济发展和稳定也产生了较大的影响。

客观而言，这个过程并非一帆风顺，也不可能一蹴而就，其中不同观点、各种争论甚至一些弯路和必要的调整都是不可避免的，有些改革措施甚至是痛苦的。但总体上说，改革开放是我党和政府做出的正确决策，总体进程是积极的、向上的、连续的，是符合时代潮流的。

在看到中国经济社会快速发展并引以为豪的同时，孙振宇大使认为我们也要清醒地看到我们下一步的发展仍然面临着诸多挑战。比如，在经济方面我们面临的挑战有：经济增长的资源环境代价过大，城乡、区域、经济、社会发展仍然不平衡，贫富差距拉大，外资进入对本土企业的挤出效应，农业稳定发展和农民持续增收难度加大等等。这些问题是在发展中出现的，也必须通过发展来加以解决。其中很重要的一方面就是要拓展对外开放的广度和深度，提高开放型经济的质量和效益水平。在此过程中，要做好深入的调查研究，根据每一个部门和行业的不同特点、不同发展水平以及不同的对外开放程度，制定各个部门不同的开放策略和计划，这样才能确保在开放和保护国内产业之间保持最佳的平衡。

（《中国网》2008 年 1 月 23 日　记者　王婷）

农业补贴应直接补给农民

日前，全国政协委员、我国常驻 WTO 代表孙振宇在小组讨论中指出，我国对农业的补贴，宜采用直接补给农民的办法。

农业补贴是当今世界许多国家和地区，尤其是发达国家和地区普遍采取的旨在保护和发展农业的重要政策。

孙振宇指出，欧盟和美国等经济合作与发展组织成员对自身农业补贴达到了天文数字，造成了国际农业贸易市场的扭曲。发展中国家根本无法与其竞争，既无法打进发达国家的农产品市场，又抑制了本国农业生产，如欧盟对进口农产品实行分级管理。

孙振宇说，农业补贴如果直接补给农民，是符合 WTO 规则的；如果用于农业生产，欧盟将认为会造成农业生产扭曲，这是欧盟所禁止的。"建议我国农业补贴将来更多采用直接补给农民的办法，尽量减少对农业生产的补贴，使我国在未来世贸组织农产品谈判中处于较为有利的地位。"

据了解，近年来美国不断增加对农业的直接补贴，这一政策的实施为美国的农产品生产建立了一个安全网，使农业生产者的收入有了保障，提高了消费者的福利水平。

（《中国国门时报》2008 年 3 月 13 日　记者　孙霞云）

中国逐渐进入世贸组织核心圈

"加入世贸组织是中国 30 年改革开放历程中的一个里程碑。入世这 7 年来，我感受最深的，就是亲眼目睹中国从一个略显稚嫩的新成员一步步地成长为一个成熟的、负责任的重要成员，并成为世贸组织核心圈的一员。"中国常驻世贸组织大使孙振宇在接受本报记者采访时如是说。

孙振宇大使长期奋斗在外贸谈判一线，2008 年岁末，本报记者就中国在世界经济中的话语权变化、金融危机背景下的中国外贸形势等问题请他发表了看法。

"中国国际话语权不断增强"

《参考消息》：2008 年是中国改革开放 30 周年，您如何评价中国与世界的新变化？

孙振宇：30 年来，世界上最大的变化应该就是中国的经济实力不断上升、国际地位不断提高、国际话语权不断增强。

目前，中国已经成为世界第四大经济体，仅次于美国、日本和德国。贸易方面，中国是世界第三大贸易方，仅次于美国和德国。与此相对应的是，中国在世界经济中的地位不断提高，话语权不断增强。仅以此次金融危机为例，在 20 国集团峰会和 APEC 领导人会议上，中国的重要作用得到广泛重视，国际上关于增加包括中国在内的发展中国家的话语权的呼声不绝于耳。在 WTO 中，中国正日益发挥着更加重要的作用，为推动多哈回合谈判取得进展做出了巨大努力，获得了各方的一致好评。

"中国与世界形成共赢局面"

《参考消息》：中国加入世贸组织 7 年来，不仅自身发生了巨大的变化，同时也为世界经济的发展作出了贡献，您怎么看中国的巨变及对世界经济的贡献？

孙振宇："入世" 7 年以来，中国 GDP 年均增长 10%，贸易增速更是高达 26%。世行将中国视作推动世界经济的主要引擎之一，认为 7 年以来中国对世界经济的贡献率平均达到 13%，相当于每年为世界经济增加 750 亿美元的价值。7 年来，中国进口也保持了高达 30% 的增速，每年从世界各国的进口净增值均超过 1000 亿美元，共进口了近 4 万亿美元的货物。因此，中国加入 WTO 以来与世界其他国家形成了共赢和共同发展的和谐局面。

《参考消息》：自 2001 年中国加入世贸组织以来，您一直担任中国

日
内
瓦
馆
惚
岁
月
—
—
中
国
常
驻
WTO
代
表
团
首
任
大
使
孙
振
宇
口
述
实
录

驻世贸组织大使。在世贸组织 7 年的任职中,您感受最深的是什么?

孙振宇:作为中国首任常驻 WTO 的大使,这 7 年来,我感受最深的就是亲眼目睹中国从一个略显稚嫩的新成员一步步地成长为一个成熟的、负责任的重要成员,并成为 WTO 核心圈的一员。

仅举两个例子。一个是 2005 年 7 月我国在大连成功举办了 WTO 小型部长级会议,当时的商务部部长薄熙来同志主持了会议,为当年年底在香港举行的第五次 WTO 部长级会议取得成功作了很好的铺垫。另一个是商务部陈德铭部长、易小准副部长和农业部牛盾副部长出席今年 7 月的小型部长级会议时,在很多重大问题上,中国的声音客观、公正,反映了包括中国自身在内的广大发展中成员的呼声,同时也理性、务实,不断寻求解决问题的中间方案,得到了各成员的重视和理解。

"外贸严峻形势开始显现"

《参考消息》:2008 年即将过去,您如何展望 2009 年的世界贸易与中国贸易形势?

孙振宇:2009 年我国对外贸易所面临的形势将十分严峻,主要是因为国际金融危机并未见底,对实体经济的影响正在进一步加深,使我国发展的外部经济环境更加趋紧。

目前,作为中国主要出口市场的美、欧、日等发达国家相继步入衰退,其进口需求进一步减弱,世界其他国家和地区的经济也出现明显下行的势头。

此外,受内部政局变换的影响,再加上国际经济形势出现重大变化,部分主要经济体的贸易保护主义出现了较为明显的抬头趋势,而且这种趋势今后几年可能还会加剧。反倾销、反补贴、技术性贸易壁垒等各种贸易保护主义措施将是我国出口的主要障碍,一些发达国家与我国的贸易争端也可能会增加。国外进口商难以获得贸易信贷也会对中国出口产生较大影响。

受上述因素影响，2009年我国对外贸易面临的挑战将是改革开放30年以来前所未有的，我国对外贸易面临的严峻形势已经开始显现。

《参考消息》：面对当前严峻形势，中国该如何应对？

孙振宇：为了应对当前的严峻形势，我国陆续出台了一系列措施，包括进一步提高部分产品的出口退税率、调整了部分产品的出口关税、加大银行对中小企业的信贷支持力度等，来增强外贸企业信心、缓解企业经济困难，促进我国对外贸易的稳定增长。对于其他成员针对我国的贸易保护主义行为，我们也将根据WTO相关规则，妥善加以应对，坚决捍卫我国的合法利益。

《参考消息》：面对当前的全球经济危机，中国能否继续发挥世界经济发动机的作用？

孙振宇：在当前新的国际形势下，尤其是面对世界粮食、能源、金融和经济等多重危机，我们应该切实做好我们自己的事情，把保持我国经济平稳较快发展作为我国今后经济工作的首要任务。只要我们能成功地实现经济平稳较快发展，继续成为世界经济发动机的可能性是存在的。

（《参考消息》2008年12月15日　记者　刘国远）

任职九年历程

2009 年

诉讼中细化 WTO 游戏规则

记者：自 2001 年加入 WTO 以来，中国仅向 WTO 提起过六次诉讼，但其中大多数均发生在过去的 11 月内。是什么原因造成这种变化？

孙振宇：中国加入世贸组织以后，会有一段适应的阶段，对于如何妥善处理各国之间的贸易摩擦，通过什么方式解决这些摩擦都有一个过程。

在过去发生摩擦后，我们选择和对方国家的政府进行双边交涉的手段来解决摩擦。这是因为现在贸易额不断增加，贸易摩擦发生的机会也越来越多，不可能一出现贸易摩擦就向 WTO 提起诉讼。

而 WTO 争端机制本身就有一个不断学习和认识的过程，这个机制本身是总体上运作较正常的机制。但是也存在问题，一般通过 WTO 争端机制解决一个问题需要消耗大量的人力、财力，而且最后解决往往也会拖很长时间，一般要 2 到 3 年，甚至更长的时间。所以它并不是解决贸易摩擦最有效的方式。

我们在"入世"后，主要采取双边交涉的方式解决摩擦，同时我们也作为第三方参加了其他国家在 WTO 的诉讼过程。这就使我们能够不断认识争端解决机制运行方式、机制本身的利弊，同时也使得我们对 WTO 相关条款有了更深的了解。

记者：那与双边交涉相比，WTO 的多边解决机制又有哪些优势？

孙振宇：有的时候，双边并不能解决所有问题。而有时候很小的国家可以通过 WTO 的争端解决机制成功地诉讼更大的国家。比如中美洲岛国安提瓜和巴布达曾就美国禁止网络赌博向 WTO 提出诉讼，并且胜诉。而如果通过双边手段，安提瓜和巴布达可能无法和美国抗衡。另外，通过参与多边解决机制，我们对 WTO 条款和机制本身会有更丰富的补充，有些比较模糊的条款通过诉讼可以得到更清晰的定义，这也是对 WTO 的贡献。

记者：还有一个具体的问题，欧盟对中国紧固件采取反倾销。据说已经发展到"没有和解的可能"，您对此如何评价？

孙振宇：整个经济危机爆发以来，贸易保护侵害也就上升，我们也希望通过坚定的措施制止这种情况的上升，这次采取严厉的措施也许可以避免将来的连锁反应。

而且这还会带来贸易转移的问题，一个案子处理不好，其他世贸成员也会担心，可能会采取同样的措施对中国产品进行封杀。

记者：怎么理解您这里说的"贸易转移"？

孙振宇：比如说，欧盟对于中国紧固件征收反倾销税，中国商品无法进入欧盟市场，就会选择进入其他市场，这就会冲击到其他市场。那么其他国家非常有可能采取相同的贸易保护措施。

记者：贸易摩擦和经济危机存在着正相关的联系，那根据您的观察，贸易发展未来趋势怎样？中国在未来可能会遭遇的贸易摩擦在地理方向和产业方向上有什么特点？

孙振宇：因为经济危机的缘故，今年全球贸易额预计下降 10%，明年如果不出现反复，而逐步走出危机的话，全球贸易额应该有所回升。而根据历史经验，贸易增长幅度要高于经济增长幅度，一般要高出将近一倍。所以如果经济恢复的话，贸易也会好转。

但是现在中国的问题是，我们的出口还是处在价值链的低端领域。这样遭到反倾销和反补贴侵害的可能性就很大。对于中国广大企业来说，在积极应诉的同时，应该致力于提高附加值、（开发）自主知识产权。这很难，但是至少在大方向上应该往这个趋势努力，而改变一贯的"薄利多销"的观念。

有一些中国商品已经达到了某一市场 50% 以上的份额，就不太适合进一步扩大，而是应该注重增加商品的附加值和品牌价值，而不是光追求"价格战"，这个倾向需要调整。

记者：现在有些国家，特别是发达国家倾向于征收碳税。从长期来看，这种手段有利于可持续发展，但是从 WTO 角度来看，碳税对全球贸易会有什么影响？

孙振宇：其实碳税转移了应对气候变化的方向，把应对气候变化的努力转入了"贸易战"。

真正要解决气候变化问题，重点应该放在合作、技术交流。广泛应用各种技术才能解决问题，而不是采取边境关税的方式。一旦一个国家征收了碳税，其他国家可能也会采取相同的措施。这样就不是一起解决气候变化问题，而是互相挑起贸易战。我觉得这种方向存在问题。

（《21 世纪经济报道》2009 年 10 月 28 日　记者　周馨怡、袁雪）

中国"入世"八周年表现可圈可点

今年是我国加入世界贸易组织（WTO）的第八个年头。这八年，是我国对外进一步开放、以及学习、熟悉、掌握、参与制订国际贸易游戏规则的重要历程。WTO,这三个英文字母,老百姓对此从陌生到耳熟能详,也从一个角度反映出国际贸易和经济对我国经济影响的进一步深化。虽然经济全球化的进程可能会受金融危机等一些杂波的干扰,但我们相信,每位 WTO 成员为推进 WTO 现有法律法规的执行与监督、推进争端解决机制的完善的努力,将使 WTO 对世界贸易的顺利发展发挥更大的作用。

记者:在中国加入世贸组织 8 周年的历史时刻,您对自己和您所领导的中国驻 WTO 代表团在工作中比较满意的方面是什么? 差距在哪里?

孙振宇:我国驻 WTO 代表团是由商务部、外交部、财政部、农业部、海关总署、质检总局等各相关部门抽调的具有较高政治、业务素质和工作经验的干部组成。在过去的 8 年中,代表团的全体同志在国内各部门的指导与支持下,团结一致,刻苦钻研,认真学习与掌握世贸组织相关的规则条款及我国加入世贸组织的相关承诺,注意加强与 WTO 秘书处与其他主要 WTO 成员代表团的沟通,配合国内较好地完成了以下几方面工作:

一是参与多哈回合谈判。经过过去 8 年的艰苦历程,在农业、工业品、服务、规则、贸易便利化等各个领域都奠定了一定基础。在整个谈判中,我们与巴西、印度、南非、阿根廷以及东盟、非洲集团、非加太集团(ACP)、最不发达国家(LDC)等发展中成员集团保持协调和团结,为推动谈判最终实现发展回合的目标、维护发展中国家利益做出了不懈努力。由于国际政治和经济大环境的影响,多哈回合谈判可能会延续到 2010 年底甚至更晚一些,但是由于发展中国家经济实力与谈判能力的增强,谈判结果应该会总体有利于发展中国家的大方向并不会发生逆转。

二是做好中国加入 WTO 后的过渡性审议。为认真履行我国加入 WTO 承诺，国内各相关部门投入大量人力、物力清理和修改法律法规，履行降低关税、开放服务贸易市场、保护知识产权等各项义务，对推动我国进一步改革开放发挥了积极作用，也为完成连续 8 年的过渡性审议奠定了良好基础。目前除涉及补贴的产业政策和知识产权保护的个别案例仍有一些成员关注较多外，其他方面总体评价比较正面。

三是配合国内妥善处理各种贸易摩擦与争端解决。加入 WTO 以来，我们被诉 8 起争端，主动起诉 6 起争端，涉及贸易救济、出口限制、知识产权等多个领域。商务部条法司、世贸司、公平贸易局及各有关司局与国内各有关部门密切配合，做了大量艰苦细致的工作，有效行使了我国作为 WTO 成员的合法权利并维护了我国在相关领域的利益。

四是加强了宏观经济调研与专题业务调研与信息报送工作。在这方面，WTO 代表团的全体工作人员都付出了巨大努力并经受了锻炼。当然与国家对我们的要求以及与其他主要成员代表团相比，我们的工作还有一定差距。作为 WTO 的一名新成员，我们对 WTO 及其前身关贸总协定的演变历史及各轮谈判不同时期关注的焦点及各方立场的掌握尚不够全面，对 WTO 各项条款的理解，尤其是结合争端解决案例分析、研究各项条款内涵的能力仍有待加强。我们在参与谈判以及日常工作中提出书面提案与修改相关草案的能力还需要进一步提高。这与我们平时需要不断跟踪研究，不断提出新的想法与建议以及外文水平的进一步提高都有直接关系。另一方面，我们还要进一步加强通过包括西方主流媒体在内的各种媒体来介绍我国的国内实际情况、宣传我国的立场与主张。

记者：中国是全球第二大贸易国，又是发展中国家。很多WTO成员希望中国发挥领导作用，而中国希望享受特殊和差别待遇，如何处理这两者之间的关系？

孙振宇：中国加入WTO以后，少数发达成员和个别西方媒体曾批评中国在WTO中没有发挥领导作用，尤其在多哈回合谈判中中国的作用没有得到充分发挥。这些批评并没有完全反映实际情况。

中国在加入WTO之后的表现是得到绝大多数WTO成员肯定的，尤其在履行入世承诺和多哈回合谈判中的表现可圈可点。中国在多哈回合谈判中始终与其他发展中成员和最不发达成员紧密团结，为争取实现多哈发展回合的目标而努力。中国在WTO农业谈判的发展中成员协调小组G20和G33中，与巴西、印度、印尼等成员一同发挥着重要的核心作用，为争取大幅度削减发达成员的农业补贴、大幅度削减发达成员的关税高峰以及捍卫发展中成员特殊与差别待遇的权利进行了不懈的努力。

为了推动多哈回合进程，2005年，时任商务部部长薄熙来同志在大连主持了WTO小型部长级会议，并为2005年底在香港举行的第五次WTO部长级会议的成功举办做出了突出贡献。2008年7月，陈德铭部长出席了日内瓦的小型贸易部长会议。尽管经过长达10天持续谈判为结束多哈回合谈判的最后冲刺没有成功，但陈德铭在谈判中所表现出的坚定、自信，其既坚持原则又显示出建设性的灵活态度，得到了其他部长和多数国际媒体的赞赏。中国将在今后的谈判中继续与其他发展中成员一道，为多哈回合达成现实而平衡的结果做出贡献。

记者：老百姓都知道中国在WTO里的官司越打越多，他们都关心两个问题：一是WTO能否秉公办案；二是中国有没有人才和能力同一些老牌成员对簿公堂？

孙振宇：在过去8年中，我国逐步熟悉与积极参与了WTO争端解决机制。到目前为止，我国共起诉美国等其他成员的案件有6起，被其他成员起诉的案件有8起。从目前案件审理的进展情况看，我国与其他成员共同起诉美国的钢铁保障措施案获得胜诉；我国告美国铜版纸反倾销案在成立专家组之前就获解决；我国起诉美国的轮胎特保案尚在双方磋商阶段；我国起诉美国的双反措施与禽肉案及起诉欧盟的紧固件反倾销案已进入专家组审理阶段。

在被其他成员起诉的案件中，美国等起诉我国的集成电路案、补贴案和金融信息案已在磋商阶段达成协议而了结，美国等起诉我国的汽车零部件案和知识产权案已经专家组裁决，其中知识产权案中我国刑事处罚门槛与海关对侵权产品的处理等核心问题被专家组认定不违反WTO规则。另外两起名牌产品鼓励措施与出口限制案仍在双方磋商阶段，尚未成立专家组。

从以上案件审理情况来看，WTO专家组与上诉机构对案件审理比较中立，在解释WTO相关条款方面是比较客观的。中国的参与也越来越深入。除了以上直接涉及我国的案件外，我们对60多起其他WTO成员之间的案件均以第三方身份参与，这对提高与锻炼我们自己的专业队伍的参与水平十分重要。在当前阶段，除了培养自己的专业队伍之外，我们还聘用了欧美等国的专业律师参加应诉，他们对提高中方的应诉水平与质量发挥着重要作用。

记者：在金融危机中，国际货币基金组织（IMF）和世界银行等机构备受诟病，WTO虽然没有成为众矢之的，但要求改革的声音日益增强。您认为WTO改革的方向是什么？

孙振宇：与IMF和世界银行相比较，WTO是采取协商一致的原则处理重大事务，不存在发达成员在IMF和世界银行主导表决权的现象。当然协商一致的原则从某种程度上也导致决策效率受影响，包括在多哈回合谈判等重大问题上，但毕竟这种体制比起 IMF 与世界银行完全由发达成员掌控表决权要民主得多。

在 WTO 协商一致的基本原则框架下，如何进一步提高决策的效率与透明度是不少成员关注的重点。

由于多哈回合谈判受阻，因此 WTO 作为一个国际组织在不断修改和完善现有法律法规方面的工作明显滞后，在有效应对类似当前世界性金融危机与经济危机所带来的新形势、新挑战方面面临着巨大挑战。尽管 WTO 争端解决机制总体运行不错，但也有部分成员认为在解释 WTO 相关条款过程中存在着超越权限、填补某些法律真空的现象。因此，WTO 当务之急是尽早结束多哈回合谈判。今后再启动谈判时应注意限定在一个较小的谈判议题范围内，同时发挥各理事会与委员会修改与完善法律法规的职能，加强日常的立法工作。因此，将 WTO 现有法律法规的执行与监督、争端解决机制和不断修订、完善相关法律法规有机地结合起来，将会对世界贸易的顺利发展发挥更大的作用。

（《国际商报》2009 年 11 月 11 日　记者　曹玖梅）

G20 达成协议鼓舞多哈回合贸易保护只会带来双输结局

记者：从一季度进出口统计数字可以看出，中国外贸下滑的幅度开始放缓，有些人据此提出乐观的看法。您如何判断中国经济下一步的走势？

孙振宇：世界总的经济形势应该说比我们估计的更加恶劣。经济危机对中国金融体系的影响并不是很大，最大的影响在于外需萎缩。从目前情况来看，外需困难估计短期内难以解决。一季度进出口降幅出现放缓，这当然是好现象，但是现在还不能就此作出过于乐观的判断，还要看今年广交会的成交情况。如果广交会成交情况良好，可能年底之前外贸情况会有所好转。但是，如果广交会出现明显下滑，说明经济要走出困境还有很大困难。尽管外贸出口有困难，形势比较严峻，但是我们对整个经济保持适度增长还是有信心的。

记者：从最近半年多的情况看，贸易保护主义是不是已经到了比较严重的程度？

孙振宇：WTO 有个贸易政策审议委员会，定期对所有成员的贸易政策进行审议。金融危机之后，它增加了一项任务，即每个季度提供一份报告，该报告将秘书处收集到的各个国家和地区面对金融危机而采取的措施全部列出来，然后公之于众，大家互相监督。现在已经提供了两份报告。从这两份报告看，贸易保护措施还是不少的。这些贸易保护措施五花八门，有购买国货的，有提高关税的，有出口补贴的，有包括反倾销和反补贴在内的贸易救济的，有关于提高检验检疫标准的，但大部分仍在 WTO 规则准许范围之内。这是一个模糊的区域，它的实质和倾向是贸易保护的，但它又不直接违反 WTO 规则。目前来说，的确有不少贸易保护措施，但是还没有大规模地、公开地违反 WTO 规则的行为。

G20 峰会上起草协议时，最初草案提出，各国和地区在一年之内不要出台贸易保护措施，不管是否违反 WTO 规则。但是在讨论通过的时候，因为有成员反对，就模糊了一下，没有做严格区分，改成原则声明各国和地区不实施贸易和投资保护措施。

从实质来说，WTO 规则是各国和地区之间谈判妥协的产物，里面有很多空子可钻。但是如果大家都采取贸易保护措施，对于整体经济而言就是灾难。在这里面，不是双赢，而是双输。这方面我们已经有了很大的教训，如上世纪美国实施贸易保护法案，关税大幅度提高，其他国家紧跟着报复，结果国际贸易额大幅度下降，失业人口大幅度增加。

记者：在经济危机影响持续存在、各国贸易保护小动作频频的背景下，您认为多哈回合的推进会受到什么影响？

孙振宇：过去七年，多哈回合取得了很大进展。按照 WTO 总干事拉米的说法，多哈回合已经完成了 80%，还剩 20%，我觉得他的估计有些乐观，最后剩下的 20% 是最困难的。目前多哈回合面临的最大困难是：美国政府刚换届，新政府要对前一任政府所谈的内容进行重新评估，评估的过程比较长，可能两三个月，甚至更长。印度也在进行大选。这就导致了多哈回合的停滞。

经济危机直接的影响之一是使得多哈回合谈判更难了。各个国家在危机面前，在国内利益集团的压力下，纷纷出台贸易保护政策，这时候，你让他承诺更多地降低关税、更加开放市场，难度更大。

但我们说危机，危中也有机。危机的压力使各个国家的领导人在最后关键时刻，从应对危机的大局出发，更容易形成共识，从而达成协议。G20 峰会达成协议对于多哈回合谈判是个鼓舞，说明各国领导人有责任心和勇气来共同努力、共渡难关。所以，下一步也不排除达成协议的可能性。

记者：您在 WTO 工作近 8 年，从哪些变化可以看出包括中国在内的发展中国家拥有了更大的发言权？

孙振宇：我们确实已经看到了这个变化：包括中国在内的发展中国家在 WTO 中发出了更多的声音，参与了规则的制定。WTO 的规则过去都是由欧美主导制定的，基本上是把它们国内的规则拿到国际上推行。发展中国家参与规则的制定，使得整个 WTO 框架更加平衡。比如，在多哈谈判中由巴西牵头，中国、印度等国参加的农业谈判 20 国协调组发挥了重要作用，这是非常好的趋势。

记者：中国的出口过度集中在欧美等传统市场，在欧美市场萎缩的情况下，开发新兴市场是不是更显必要？

孙振宇：目前中国的出口 50% 以上集中在欧日美。在危机下，确实要调整出口市场结构，大力发展新兴市场，比如东南亚、中东、非洲、拉丁美洲等。虽然这些市场存在与中国商品结构雷同等问题，但无论是贸易还是投资都可以寻找很多机会。对中国来说，要力保 4 万亿元经济刺激计划得到很好的落实。特别是要重点加强能源环保方面的投入，这是解决就业的重点行业。此外还有民生，可以利用这个机会，进一步完善医疗卫生与保险制度，把老百姓的生活安排得更好。

（《第一财经日报》2009 年 4 月 20 日　记者　王羚）

2010 年

美国应放弃贸易保护主义

中国常驻世界贸易组织代表孙振宇大使 1 日在两年一度的世贸组织对美国贸易政策审议会议上发表讲话，敦促美国切实履行国际义务，遵守世贸组织规则，改变贸易保护主义做法。

孙振宇说，作为世界上最大的贸易国，美国的贸易政策对其贸易伙伴、对多边贸易机制发展有重要影响。他说，包括中国在内的许多世贸组织成员认为美国应该在以下方面作出改进：

首先，改变在多哈回合谈判中的消极态度。美国应采取更负责任和更加务实的态度，充分尊重谈判授权，充分尊重包括美国在内的所有成员过去 9 年的工作成果，回到正确的谈判轨道上来，和其他成员一道推动谈判早日成功结束。

其次，努力抑制贸易保护主义倾向。尽管美国整体关税看似较低，但是对发展中成员意义重大的纺织品、鞋类等产品所征收的关税仍维持较高水平。同时，美国通过大量非关税壁垒对进口产品重重设限。此外，美国一方面针对外国产品滥用贸易救济措施；另一方面对本国农业实行巨额补贴，借助经济刺激计划实行"买美国货"、"雇美国人"的保护主义措施。这些贸易保护主义的做法已严重损害世贸伙伴的正当利益。

再次，切实履行义务，尊重世贸组织对有关贸易争端的裁决。目前，在世贸组织秘书处所列举的 7 起尚未得到执行的贸易争端裁决中，美国占据了其中 6 起。

最后，停止单方面制订和实行超出现有协定的知识产权执法标准。我们对美国参加《反假冒贸易协议》有关谈判表示关切，坚决反对这种甩开世界知识产权组织和世贸组织，试图单方面行动的做法。

此外，孙振宇还对美国实行大规模刺激出口、同时又以"国家安全"为由限制出口的两面政策以及放任过度宽松的货币政策等做法提出质疑，他敦促美国采取必要手段，解决其他成员在这些问题上的关切。对于美国国会近日通过的针对人民币汇率的法案，他强调美国政府必须依照世贸规则谨慎处理这一问题。

根据有关协议规定，世贸组织定期对其成员的贸易及相关政策进行审议，以监督成员遵守世贸组织规则，履行相关义务。此次对美国贸易政策的审议会议于 9 月 29 日至 10 月 1 日在日内瓦举行。

（《新华网》2010 年 10 月 2 日　记者　刘洋）

应尽快完成多哈协议草案

中国常驻世界贸易组织代表孙振宇大使 30 日在日内瓦表示，当前，有关各方应围绕多哈回合框架下的各领域加紧多边谈判，尽快完成协议草案修改工作。

孙振宇在当天的世贸组织贸易谈判委员会非正式会议上表示，二十国集团和亚太经合组织领导人在本月初召开的会议上释放出明确的政治信号，要求谈判各方抓住 2011 年这个"窗口时间"，推动多哈回合谈判尽早达成协议。

孙振宇重申，谈判应建立在尊重多哈发展议程和现有谈判成果的基础上。他说，任何试图单方面改变谈判规则的行为都可能导致谈判失败。他建议各方采取务实的态度对待谈判。

孙振宇指出，今年以来有关各方在日内瓦进行的小规模非正式磋商有利于厘清分歧，为谈判减少障碍。但磋商无法代替实质性谈判，当务之急是争取在最短时间内完成协议草案修改工作，在此基础上，跨领域谈判才有更大胜算。

孙振宇强调，本轮谈判应始终坚持以促进发展为目的。中国将一如既往地支持不发达国家和弱小经济体的关切。

世贸组织贸易谈判委员会是在多哈宣言的基础上成立的专门机构，负责在世贸组织总理事会的框架下推进多哈回合谈判工作，现任委员会主席由世贸组织总干事帕斯卡·拉米兼任。

（《新华网》2010 年 12 月 1 日　记者　刘洋、杨京德）

❊ 离任回国 ❊

离任归国

日前，中国首任驻世贸组织（WTO）大使孙振宇结束了其九年任期，离开日内瓦，于 21 日回到北京。他表示，中国已经由学习、掌握和运用世贸规则逐步参与到规则的制定中。

在接受记者采访时，孙振宇介绍说，"入世"九年来，中国对外贸易总额由最初的 5000 亿美元增长到现在的 20000 多亿美元，翻了两番，中国已经成为世界第二大经济体以及最大的出口国。在九年的过渡期中，中国驻世贸组织代表团在应对贸易摩擦、解决贸易争端、履行入世承诺、推动多哈回合谈判等方面做出了重大努力。

孙振宇表示，尽管加入世贸组织极大地促进了中国的改革开放，但是，反倾销、反补贴等问题在很长一段时间内还将继续存在。目前，中国的改革开放已经逐步进入到攻坚战阶段，面临很多难题，其中有很多牵涉到利益的再分配，所以要尤其着眼于中国国内的需要，为更深一层的改革开放提供动力。

他还建议中国企业，应该多了解一些争端解决的案例，以对世贸组织规则有更加深刻的理解，避免走弯路。

（《中华新闻网》2010 年 12 月 21 日　记者　李晓燕）

"入世"与中国改革

9 年前的 12 月 11 日，中国成为 WTO 第 143 个正式成员。2002 年 1 月 26 日上午，孙振宇作为中国首任驻世界贸易组织（WTO）大使，兼任中国常驻联合国日内瓦办事处和瑞士其他国际组织副代表飞赴日内瓦。

光阴荏苒，作为首任驻 WTO 大使，孙振宇已完成任内工作回国。

昨日，当他走下飞机、走向机场贵宾室时，先向所有接机人员深鞠一躬，头发已花白。

就在这 9 年时间里，中国经历了入世后快速发展的红利期，也进入更加开放、透明、市场化的时期。作为中国入世谈判最后的推手以及入世后巩固与争取中国在 WTO 利益的代表，孙振宇感慨良多。

"过去的 10 年，中国的改革开放比较容易做的事情我们都已经做了。今后更深层次的改革开放，也会遇到更大的阻力。因为任何一项改革，都是利益的再分配，越难的问题越不容易改。只要我们还在坚持改革开放，坚持走下去，后面更多的是一些攻坚战。WTO 从外部可能会起到一些作用，但更多的改革还是由于内部自身的需要。外部只是一个辅助力量，过去作用可能更大一些，今后，与我们内部改革动力比起来，它的作用可能会处于一个比较次要的地位。"

从孙振宇的履历上看，他外语能力突出。他是北京外国语大学英语系毕业生，还曾赴欧洲共同体同声传译训练班学习。此外，曾担任外贸部、经贸部要职，在外经贸部期间曾任美大司司长等职。熟悉他的人对他的评价是：不仅熟悉经贸领域，而且是中美双边谈判的高手。

在他的妻子陈若薇看来，做多边的 WTO 大使最为辛苦。"别的大使都可以带助手，唯有他不能带助手。陈部长 2008 年率团来谈判的时候，那可是 10 天 10 夜没合眼。"

曾与孙振宇共事的数位商务部人士都用"外柔内刚"来形容他。

"孙振宇言谈间语气和缓、沉稳低调，可以说表面'柔'，可是在谈判上却有自己的技巧，考虑问题比较深，该说'不'的时候就说'不'。"一位商务部人士说。

他们认为，与中国入世首席谈判代表龙永图在谈判场上逼人的气势相比，孙振宇更多了一份沉稳，也更适合"守"这个角色。

2003 年初，龙永图辞去了外经贸部副部长的职务，出任非官方国际组织——博鳌亚洲论坛秘书长。作为中国入世一"攻"一"守"的两大功臣之一，孙振宇评价龙永图时说："他是一个钻研问题的人，而且善于创新、积极进取，所以在谈判当中经常掌握主动，对我们国家的利益也是尽了最大的努力予以维护。"

如果说"入世"谈判是几代人坚持的、"从黑发人谈到白发人"的艰苦攻坚战，那么驻 WTO 使团，则在进行同样艰辛的堡垒战。

孙振宇描述自己的工作，主要有三方面：应对贸易争端、研究如何履行中国入世承诺、推进多哈回合谈判。

世界贸易组织司谈判副专员洪晓东是经常往返于北京与日内瓦的谈判人员。他对《第一财经日报》形容中国驻 WTO 使团的工作：外交部驻外的部门叫使馆，中国驻 WTO 的部门叫使团。孙大使是接受国内主管部门的授权，全权负责这个使团的日常工作。

通常来说，一个谈判的达成，首先是各方内部相关利益部门的协调，达成一致后，获得授权组团去 WTO 谈判。这时，孙振宇就要负责国内人员的接待以及对外协调。

"刚入世的时候，作为新成员，我们并没有加入美欧日加主导的四国核心谈判圈子，后来印度、巴西创始国加入，等到 2008 年，中国已经是核心成员了。至此，中国在很多小范围核心磋商中开始获得发言权，这是至关重要的。"孙振宇回忆说，"在中国入世的头几年，对于我们的赞扬声很多。近几年，批评多了一些，要求也高了一些。因为不能忽视的是，中国已经成为全球第二大经济体、第一大出口国。"

从入世到现在，贸易摩擦也越来越频繁，今年全球 1/3 的双方调查都是针对中国的。孙振宇分析说："但据我们统计，这些负面的影响，只占中国全部对外贸易总额的不到 1%。"

如今，孙振宇更多地在思考中国改革与入世的关系。

"中国入世既是为了获得外部市场准入，又是为了加快本土的改革，这两点是相辅相成的。"世行前首席经济学家、专门负责贸易纠纷领域并担任美国财政部及联合国贸发会议要职的菲因杰（Joseph Micheal Finger）曾这样对本报记者形容中国入世与改革的关系。

孙振宇昨日表达的思考，与此异曲同工。"外国人也需要了解我们中国的国情，不要一味地施压，任何一项改革都是因为国内进步的需要，才能有更强的动力。"

用评论人士的诂说就是，中国"入世"的红利，让中国的产品找到了新的销售渠道，正因为国内与国外双重消费渠道先后开启，中国经济改革的制度性改革被延后。但在经历了连续四年的爆发性增长后，在 2008 年金融危机影响下，一个不愁消费、不愁产品销售渠道的商品世界，正在逐步坍塌。

"回到国内，我还将继续完成我作为政协委员的工作；此外还将从

离任回国

事与 WTO 密切相关的事务。"孙振宇微笑着谈到他今后的工作。知情人士透露，他很可能担任 WTO 研究会会长。

（《第一财经日报》2010 年 12 月 22 日　记者　郭丽琴）

现有成绩充分说明"入世"利大于弊

21 日中午，中国首任驻世贸组织（WTO）大使孙振宇完满完成了任期内工作结束回国。9 年前，在孙振宇即将赴任时他曾表示，中国驻世贸组织大使任务不轻。卸下重任的孙振宇也终于兑现了当初的承诺。孙振宇今天刚刚走下飞机，就在机场接受了中国之声的专访。

上午 12 点半，满脸微笑的孙振宇大使走出首都国际机场的贵宾通道，由于欧洲大雪，原本 9 点半就能抵达北京，因而延误了三个小时。孙大使不顾旅途劳顿，非常耐心地回答了提问。卸下重任后的孙大使言谈中透露中几分轻松，但是回忆起从 2001 年中国加入世贸组织到今天的 9 年历程，我们似乎可以感受到其中的艰辛和困难。孙大使说 9 年里参加会议的次数实在是难以统计，但是有几次艰难的谈判却仍然记忆在心。

孙振宇：2004 年 7 月多哈回合谈判有一个阶段性的成果，达成了 7 月框架协议，该协议奠定了整个多哈回合谈判的一个基础。2005 年 6 月，我们在大连主持召开了一个小型的部长会，这为 2005 年年底世贸组织部长会打下了非常好的基础。第三次就是 2005 年的香港部长会，在那次香港部长会上中国发挥了非常关键的作用，部长会达成了一些有利于发展中国家的决议，包括 2013 年取消发达国家的出口补贴，包括对最不发达国家给予免关税、免配额的待遇。

从解决贸易摩擦和争端到频繁参加多哈回合会谈，从双边谈判到多边会面，中国已经履行了加入世贸组织的各种承诺。然而，回想当初对是否"入世"存在的争议和普遍持有的质疑，孙振宇大使说，用现在的成绩可以充分说明，中国"入世"是利大于弊。

孙振宇：经过9年的奋斗，我们现在已经逐渐适应在国际贸易组织当中的一些工作。从开始学习规则到逐渐掌握、熟悉、运用规则，同时参与规则的制定，这么一整套参与，使得贸易能够正常进行，而且使我们的贸易不断发展。我们加入WTO的初衷应该说是实现了，使得各国之间的企业增加互信，使得贸易能够不断地发展，使得人家觉得中国也是国际贸易大家庭的一员。加入世贸组织之前，我们整个贸易额大约5000亿美元，现在的贸易额是20000多亿，也就是说加入9年当中我们的贸易额增长了4倍，翻了两番。

入世9年的中国，贸易额不断增长，目前已经一跃成为世界第二大贸易国。据了解，目前全球有三分之一的反倾销反补贴都是针对中国的，那么接下来中国是否会遭遇贸易冲突，又该如何解决呢？

孙振宇：是不是会更多，我觉得也不一定，但是还会是反倾销、反补贴最主要的目标。因为现在中国是一大出口国，而且中国竞争能力这么强，特别是我们的特色实际上是很多的合资企业引进了技术，引进了先进的设备，结合劳动力的成本比较低又大规模生产，这个是其他国家没法比的，没法做到。这样我们的出口会对其他一些国家造成一定的压力，就难免会有一些国家，甚至一些发展中国家，都会对我们采取一些贸易方面的措施。这也是我们应该承认的一个现实，也要做好心理准备，现在我们实际上已经对应对反倾销反补贴有了一定的经验。

从2001年11月，世贸组织在卡塔尔首都多哈举行第四次部长级会议，启动了新一轮多边贸易谈判即"多哈回合"，但由于一些主要成员在农产品市场准入等方面存在严重分歧，多哈回合进程艰难，几度停滞中断。那么未来，多哈回合的前景会是怎样的呢？孙振宇大使认为，现在完成多哈回合谈判比以往任何时候都显得更紧迫，它将创造新的市场准入，锁定现有市场准入的开放度，为世界带来实际收入。

孙振宇：咱们不说内容，只要说多哈回合首先是一个增加各国之间相互的信任，大大改善整个国际贸易环境的回合。多哈回合的成功像一个强心针，金融危机、经济危机之后，如果能够在多哈回合上达成一致，这对今后世界经济的发展绝对是一个利好的消息。而且世贸组织总干事拉米说，现在的问题是美国国内关心的重点不在多哈回合上，有很多其他的问题。所以我们很希望美国能够在明年，共和党和民主党共同关注贸易，而且能够认识到，现有一揽子东西，对美国实际上是非常有利的。

（《中国之声》2010 年 12 月 22 日　记者　张棉棉、刘璐）

"入世"怎样影响中国

2011 年，我国将迎来加入世界贸易组织的第十个年头。"入世"后的中国和有了中国的世贸组织发生了怎样的变化？欧美发达经济体运用经贸规则更加娴熟，世贸组织是否可能沦为贸易保护主义的工具？举步维艰的多哈回合何时才能迎来曙光？

记者 21 日就此采访了刚从日内瓦返京的中国首任驻世贸组织大使孙振宇。

从新成员到推动者　中国在世贸舞台大胆发声

从满头青丝到头发花白，经历了中国入世谈判最艰辛的阶段，又担任了首任常驻世贸组织代表，孙振宇已经记不清参与了多少场交锋激烈的多边、双边谈判。但是一个变化让他感受深刻。

孙振宇说，刚加入世贸组织时，作为新成员，一些由美欧等主导的重大谈判或小范围磋商，中国并不能参与其中。而 2008 年以来，以中国、巴西、印度为代表的新兴经济体不仅成为重大谈判的核心成员，而且也在小范围磋商中获得发言权。

从"听不懂"到"听得懂"，再到让别人倾听，变化的背后是中国不断提升的国际地位和经济实力。

2002 年，我国的对外贸易额在 5000 亿美元左右，而据商务部预计，2010 年我国对外贸易额有望突破 2.9 万亿美元，创历史新高。

"中国已基本完成入世过渡期的阶段性工作"

"过去的 9 年，通过履行入世承诺、应对贸易摩擦和参加多哈回合谈判，中国成为国际经济大家庭中的正式成员，发展的外部环境有了很大改善，加入世贸的初衷得以实现。"孙振宇评价说。

货物关税平均水平从加入前的 15.3% 降至 2009 年的 9.8%，服务领域开放了 100 个部门，对贸易体制和政策进行了全面的调整，先后三次接受了世贸组织的贸易政策审议……"中国已经基本完成了入世过渡期的阶段性工作。"孙振宇说。

"我们必须继续坚持改革开放的道路，但也要做好准备，接下来面对的将是改革'攻坚战'。"他说。

到世贸"打官司"应对"成长的烦恼"

随着贸易量的增长，中国也成为贸易摩擦的主要目标，这种"成长的烦恼"未来是否会常态化？欧美国家运用世贸组织规则更加娴熟，世贸组织是否会沦为一些国家搞贸易保护的工具？

孙振宇说，从关贸总协定到ＷＴＯ，历史上欧美确实曾长期占据谈判的主导地位，甚至大多数的国际贸易规则基本上从欧美国内规则"移植"而来，但是现在情况正在发生改变。

"由于中国、印度、巴西、南非等新兴经济体在国际舞台上越来越活跃，发展中国家的声音越来越大，总体趋势是朝着有利于发展中国家的方向变化。"孙振宇说。

他认为，只要中国作为最大出口国的情况不发生变化，总难免会面临一些摩擦，对此必须有充分的思想准备。

事实上，目前国内的行业、企业已经在应对贸易摩擦上积累了丰富的经验，并通过在世贸争端解决机制下"打官司"更好地掌握了世贸规则。

"一些败诉的案件，中方相应修改了国内的法律法规，这实际上对国内进一步改革起到了推动作用。而胜诉的案件则增强了我们更好地利用世贸组织规则维护贸易利益的信心。"孙振宇说。

多哈回合期待"曙光"

二十国集团和亚太经合组织领导人在今年11月召开的会议上释放出明确的政治信号，呼吁谈判各方抓住2011年这个"窗口时间"，推动多哈回合谈判尽早达成协议。

"明年能否取得突破取决于大的政治形势发展情况，中方愿意尽最大努力推动多哈回合的谈判，在现有主席案文的基础上达成一致。"孙振宇说。

他介绍说，现有的主席案文在农业、服务领域的降税、开放水平都比前几轮谈判更高，如能达成，不啻为后危机时代国际经济发展的一针"强心剂"。

"多哈回合如能取得突破性进展，将有利于成员间增进互信，改善国际贸易环境，对所有的ＷＴＯ成员有利。"孙振宇表示。

（《新华网》2010 年 12 月 22 日　记者　王希）

中国"入世"十年已改变美欧主导规则制定局面

一年一度的达沃斯论坛年会于当地时间 26 日在瑞士小城达沃斯盛大开席，其中，中国商务部举办的中国"入世十周年论坛"成为焦点。在世界经济刚刚经历过危机洗礼、复苏立足未稳的关键节点，中国将如何诠释自己的入世心路历程？

今年是中国入世十周年，目前，中国平均关税水平已经从入世前的 15.3% 大幅降至 9.8%。在服务贸易领域的 160 多个部门中，银行金融、通信网络、保险证券等逐步放开。不仅如此，中国还在多哈回合谈判期间做出新的承诺，将农业和工业品的实施关税再削减约 30%，进一步开放服务领域中的 11 个部门。

中国前驻世界贸易组织代表、特命全权大使孙振宇对这十年做出了这样的评价：

孙振宇：这十年应该说是中国经济和对外合作开展的最好的十年，在这十年中，我们的外贸进出口的增长，平均达到 22%，而在此前，建国以来我们平均的增长是 15%，所以总体来说，结果是积极的，经过这十年的努力，我们成了第二大出口国、第二大经济体。

随着中国国力的逐步增强，世界对我国的期望也进一步提高，发展中国家希望我们能在国际上为他们发出更多声音，发达国家则希望我们能进一步开放市场、削减关税。孙振宇表示，中国在理解这些心

离任回国

情的同时，更把这种来自外部的压力变成了国内继续改革开放的动力，在国际规则制定上发挥着越来越重要的作用。

孙振宇：不管在 WTO 经济中，它是 G5 也好、G7 也好，G11 也好，不管任何一个组织，这种核心的成员都离不开中国，实际上已经改变了过去由美欧两个成员来主导整个规则的制定，现在发展中国家的声音应该越来越大。

世贸组织多哈回合谈判 2001 年 11 月在卡塔尔首都多哈启动，其重要宗旨就是促进发展中国家的发展，因此又有着"发展回合"之称。据估计，多哈回合一旦谈成，每年因为关税减免可为全球省下 1300 亿美元。但是，由于发达成员和发展中成员在农业及非农产品市场准入问题上分歧难消，时至今日，谈判始终未能取得突破。

孙振宇：由于很多发达国家不愿放弃在农业等方面扭曲贸易的出口补贴，因而美国政府希望将多哈回合中的"发展回合"变成只对发达国家开放市场的这样一个市场准入的回合。多哈回合的谈判总是以希望开始，以失望结束，陷入今天进退维谷的局面。

26 日，在中国国际经济交流中心主办的"经济每月谈"论坛上，美中贸易全国委员会副会长溥乐伯以一句幽默的中国流行语无奈地承认了目前美国国际贸易发展政策上的问题：

孙振宇：我并不是不明白，就是世界变得快。大家需要记住，奥巴马当局刚刚在位两年，在全球的金融危机中进行转换，就中美之间的关系来说，还是处于转换的时期。因为对于美国来说，它还是要组成跨太平洋的合作伙伴，无论是在政治上还是经济上，我们都希望得到发展。现在还是处于过渡的阶段，对于美国的当局和贸易政策方面的承诺都在过渡。

由于美国明年要举行大选，奥巴马政府为了赢得大选，希望能实现双倍出口和扩大 200 万人就业的目标，基于这种考虑，多哈回合谈判也许会在今年出现一个转机。

孙振宇：美国到底应该把重点放在多边的贸易体制上，还是重点推双边的或者是区域的。现在很明显，美国的贸易把重点放在双边、TPP，实际上对于实现奥巴马总统的双倍出口，要扩大 200 万人的就业，TPP 是解决不了的，它和很多 TPP 的成员已经有了双边自由贸易协定。要真正实现奥巴马总统的 200 万人的就业，实际上多哈回合是最好的机会。

孙振宇同时指出，如果今年多哈回合谈判仍然谈不成，由于美国大选的因素，就可能会推迟三四年时间才能再出现谈判结果，这对多边贸易体制来说是很大的挑战。因此，为了大家共同的利益，现在是需要美国企业发挥重要作用的时候了。

（《中国之声》2011 年 1 月 27 日　记者　张棉棉）

离任回国

✦ 履　新 ✦

就任中国世界贸易组织研究会会长

2011年3月18日，中国世贸组织研究会二届四次理事会全体会议在首都大酒店隆重举行。商务部国际贸易谈判代表高虎城副部长代表陈德铭部长出席会议并发表了热情洋溢的讲话。

高虎城副部长首先对谷永江会长领导的第二届理事会的工作给予了高度的评价，认为"世界贸易研究会的工作为全国商务工作的发展起到了重要的作用"。高虎城还对即将选出的新一届理事会提出了殷切期望，希望世界贸易研究会为下一阶段的改革开放做出更大的贡献。他表示，今后商务部将给予世贸组织研究会更大的支持，使其从非政府组织的角度，在我国参与和完善多边贸易体制中发挥更大、更积极的作用。

即将卸任的谷永江会长在讲话中对高虎城部长给予第二届理事会工作的高度评价表示感谢。他还对社会各界方方面面的支持、帮助和努力表达了谢意。谷永江表示，将全力支持新一届理事会的工作。谷永江介绍说，世界贸易组织研究会是我国率先研究竞争政策与法律，特别是我国《反垄断法》与世贸组织关系的全国性社会团体。他语重心长地说，如何切实处理好多边贸易体制倡导的竞争政策与我国经济转型时期实行的产业政策，是当前乃至今后很长一个时期摆在我们面前的一个重大课题。谷永江相信，在参与全球经济治理的过程中，研究并谋求我国在后多哈回合时代全球多边贸易体制中的最大利益的对策，领衔担此大任者，非经过九年驻WTO大使历练的孙振宇莫属。

郑志海副会长向大会做了题为"世贸组织研究会2010年工作总结"和"2011年的工作思路"的工作报告。与会代表表示赞同。

商务部俞建华部长助理宣读了"商务部关于推荐中国世界贸易组织研究会领导班子人选的通知"。经理事审议，一致通过，选举出第三届理事会会长和副会长。会长为孙振宇，副会长为郑志海、李恩恒、王琴华（兼职），霍建国（兼职）。会上，还特别聘请廖晓淇、陈经纬、薛荣久为副会长。俞建华和孙振宇共同为他们颁发了聘书。

在喜庆的气氛中，新任会长孙振宇发表了就职演讲。孙振宇认为，上届理事会的出色工作为新一届理事会的工作打下了坚实的基础，筑起了很高的平台。他强调，在各方面的支持和帮助下，在各位理事的共同努力下，相信新一届理事会将不负众望，工作会更上层楼。孙振宇还简要地介绍了当前WTO秘书处、多哈回合谈判及我们的策略等方面的一些情况。

经代表审议，会议一致通过了《中国世贸组织研究会理事会章程》修订案。

理事代表，香港中国商会主席陈经纬教授、上海市政协副主席周汉民教授、世贸组织上诉机构大法官张月姣教授、中国社会科学院法学所王晓晔教授、中央财经领导小组办公室局长张松涛教授、中易电子公司董事长蓝德康先生分别作了激情发言。

会议由俞晓松副会长主持，会上宣读了第十届全国政协副主席、世贸组织研究会名誉会长徐匡迪院长发来的书面发言。

民政部民间组织管理局的领导专程出席了会议。

共计100余位理事出席了会议，其中包括：国务院法制局原局长、中国法学会世贸组织法研究会会长孙琬钟，来自外交部的老领导、前驻美大使李道豫，前驻西班牙大使过家鼎，商务部的老领导、"入世"谈判的重量级人物沈觉人和佟志广，商务部前副部长廖晓淇和中储粮公司总经理包克辛。商务部各个业务司局的主要负责人，中央与WTO事务相关部门的领导，大专院校、研究机构的专家学者，企业家和专业人士等列席了会议。

❖ 后 记 ❖

当商务部杨国华同志最初建议我出一本关于在日内瓦九年生活感受的回忆录时，我的第一反应是不大情愿。因为从我本人来讲，九年的工作，总体上是有惊无险，比较平淡，主要是忠实执行国内发来的各项指示，没有太多特别值得书写的东西。工作中的一些成绩，都是前后方共同努力的成果。

但回国后，我还是改变了主意。一方面是受到国华同志执着精神的感动；另一方面，他提醒我，应当给今后有志于从事世贸组织等多边国际机构工作的年轻人留下一些东西，让他们对这项工作有一个大体的了解，帮助他们从各方面做一些准备。

国华还特地邀请了中国政法大学国际法学院史晓丽教授和她的几个学生章洁宇、李永博、潘佳娜、于华溢等一起参加口述的录音与文字整理相关工作。这是一项十分枯燥又耗费时间的工作。同时，他们还把我九年来在一些公开场合的讲话与接受媒体采访的报道整理出来，也一并收录在这本书之中。

　　整理这样一部书稿是很艰辛的，我对他们的创意与勤奋十分敬佩。感谢他们为本书的整理与出版付出的辛勤劳动。

孙振宇

2011 年 8 月

责任编辑:茅友生

装帧设计:鸿　一

图书在版编目(CIP)数据

日内瓦倥偬岁月——中国常驻 WTO 代表团首任大使孙振宇口述实录/
　孙振宇 口述;杨国华,史晓丽 整理. —北京:人民出版社,2011.12
ISBN 978 - 7 - 01 - 010476 - 8

Ⅰ.①日…　Ⅱ.①孙…②杨…③史…　Ⅲ.①孙振宇-访问记　Ⅳ.①K827＝7

中国版本图书馆 CIP 数据核字(2011)第 256484 号

日内瓦倥偬岁月

RINEIWA KONGZONG SUIYUE

——中国常驻 WTO 代表团首任大使孙振宇口述实录

孙振宇 口述　　杨国华　史晓丽 整理

人民出版社 出版发行
(100706　北京朝阳门内大街 166 号)

环球印刷(北京)有限公司印刷 新华书店经销

2011 年 12 月第 1 版　2011 年 12 月北京第 1 次印刷
开本:710 毫米×1000 毫米 1/16　印张:15.25
字数:290 千字

ISBN 978 - 7 - 01 - 010476 - 8　定价:36.00 元

邮购地址 100706　北京朝阳门内大街 166 号
人民东方图书销售中心　电话 (010)65250042　65289539